사고를 담아 한국어로 읽고 쓰기
Reading and Writing in Korean with Critical Thinking

사고를 담아
한국어로 읽고 쓰기

박수진 | 이화숙 | 최보선 지음

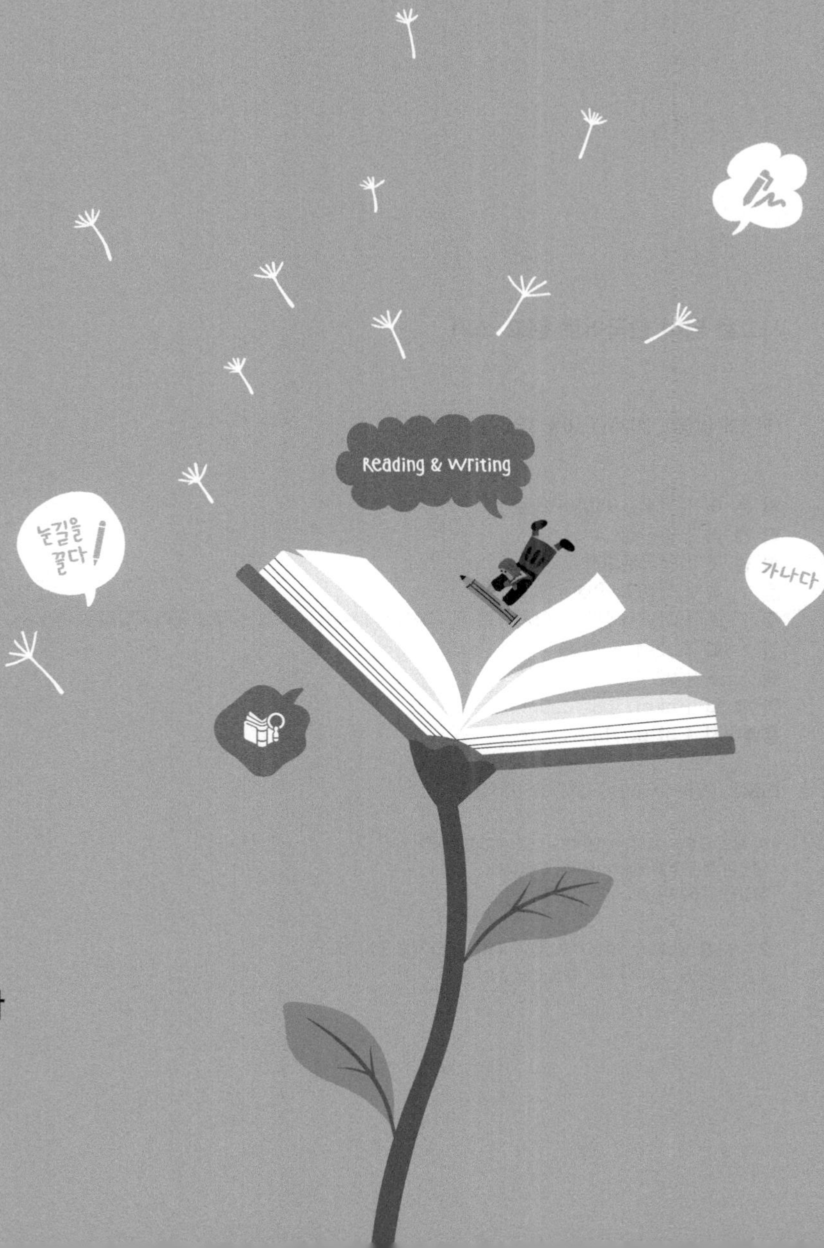

한국문화사

사고를 담아 한국어로 읽고 쓰기

1판 1쇄 발행 2025년 10월 1일

지 은 이 | 박수진·이화숙·최보선
펴 낸 이 | 김진수
펴 낸 곳 | 한국문화사
등   록 | 제1994-9호
주   소 | 서울시 성동구 아차산로49, 404호(성수동1가, 서울숲코오롱디지털타워3차)
전   화 | 02-464-7708
팩   스 | 02-499-0846
이 메 일 | hkm7708@daum.net
홈페이지 | http://hph.co.kr

ISBN 979-11-6919-352-8 93710

· 이 책의 내용은 저작권법에 따라 보호받고 있습니다.
· 잘못된 책은 구매처에서 바꾸어 드립니다.
· 책값은 뒤표지에 있습니다.

오류를 발견하셨다면 이메일이나 홈페이지를 통해 제보해주세요.
소중한 의견을 모아 더 좋은 책을 만들겠습니다.

머리말

《사고를 담아 한국어로 읽고 쓰기》는 읽기와 쓰기 실력을 중급 이상으로 키우고자 하는 한국어 학습자를 위한 책입니다. 이 책은 읽기를 바탕으로 글의 구조를 체계적으로 구성하는 방법을 익혀 자신의 생각을 논리적인 글로 표현할 수 있도록 돕는 것을 목표로 합니다. 한국어 학습자들이 읽기와 쓰기 능력을 균형 있게 발전시킬 수 있도록 다음과 같이 구성하였습니다.

첫째, 한국 사회의 다양한 현상과 문제에 대해 이해할 수 있도록 사회적인 주제들을 선정하였습니다. 읽기 지문은 TOPIK II(중·고급)의 기출 문제의 주제와 난이도, 문항 특성 등의 분석을 바탕으로 중급 이상의 어휘와 문법을 사용하여 구성하였습니다.

둘째, 하나의 주제를 바탕으로 읽기와 쓰기를 연계하여 단원을 구성하였습니다. 글쓰기 과정을 반영하여 하나의 단원은 모두 10개의 과정 [①생각해 봅시다 – ②어휘를 공부해 봅시다 – ③자세히 읽어 봅시다 – ④다시 읽어 봅시다 – ⑤표현을 연습해 봅시다 – ⑥생각을 나눠 봅시다 – ⑦개요를 짜 봅시다 – ⑧개요에 따라 써 봅시다 – ⑨원고지에 써 봅시다 – ⑩이렇게 써 보세요]으로 이루어져 있습니다.

셋째, 글을 읽으면서 어휘와 문법, 글의 구조를 공부하고 주제에 대한 이해를 넓힐 수 있습니다. 이어서 개요를 짜는 활동을 하면서 자신의 생각과 의견을 정리하여 논리적으로 완성된 글로 표현할 수 있습니다. TOPIK II(중·고급)의 54번 쓰기 문제를 연습하도록 700자로 구성된 원고지를 단원마다 제공하여 글을 책에 바로 써 볼 수 있도록 하였습니다.

넷째, 어휘 확장을 할 수 있도록 관용적인 표현과 속담 및 관련 표현들을 다양하게 반영하였습니다. 의미가 유사한 다양한 표현들을 익힘으로써 읽기와 쓰기의 실력을 한 단계 더 높일 수 있도록 하였습니다.

일 년 반 동안 좋은 책을 만들기 위해 함께하신 선생님들께 감사함을 전하며 더불어 이 책의 발간을 도와주신 한국문화사에 감사를 드립니다.

2025년 9월 저자 일동

이 책의 구성과 특징

이 책은 학부 유학생이나 대학 진학을 목표로 하는 학생들이 한국어 읽기와 쓰기 능력을 중급 이상으로 키우는 데 목적이 있습니다. 또한 한국어능력시험(TOPIK), 세종한국어평가(SKA) 등 여러 한국어 능력 평가에서 좋은 결과를 얻을 수 있도록 각 단원에서 어휘와 문법, 그리고 읽기, 쓰기를 단계별로 학습하도록 구성하였습니다.

생각해 봅시다.

주제와 관련 있는 이미지, 표 등을 통해 이 단원에서 배울 내용을 예측해 볼 수 있습니다. 그리고 질문에 답을 생각해 보면서 읽을 글의 주제를 이해할 수 있습니다.

어휘를 공부해 봅시다.

글의 내용을 잘 이해하기 위하여 필요한 어휘를 학습합니다. 어휘의 뜻을 이해하고, 문맥에서 배운 어휘들을 적절하게 사용할 수 있습니다.

 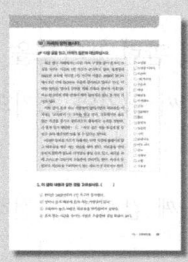

자세히 읽어 봅시다.

글을 자세히 읽어 봅니다. 글 옆에는 중요한 어휘와 표현을 함께 제시했는데 읽기 전 활동으로 아는 표현과 모르는 표현을 스스로 점검할 수 있습니다. 또는 글을 읽으면서 모르는 표현들을 확인할 수 있습니다. 글을 읽은 다음 문제를 풀면서 내용을 정확하게 이해했는지 점검할 수 있습니다.

다시 읽어 봅시다.

글을 꼼꼼히 다 읽은 후에 중요한 문장들의 순서를 맞게 배열해 보면서 글과 문장의 구성을 익힐 수 있습니다. 그리고 각 문단의 중심 내용을 요약해 봄으로써 글의 내용을 보다 더 정확하게 이해하고, 자신의 문장으로 표현해 볼 수 있습니다. 마지막으로 글에서 핵심어를 찾아보고 핵심어를 사용하여 전체 글의 주제문을 써 봅니다. 이때 아래의 메모지에 생각들을 정리하며 주제문을 생성할 수 있습니다.

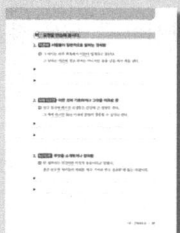

표현을 연습해 봅시다.

글에 나타난 중요한 문법과 표현의 의미를 예문을 통해 정확하게 이해할 수 있습니다. 그리고 제시된 문법과 표현을 사용하여 문장을 만들어 보고, 문법과 표현을 익혀서 이를 활용할 수 있습니다.

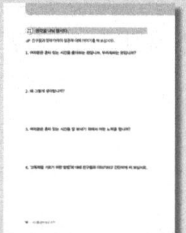

생각을 나눠 봅시다.

친구들과 함께 각 단원의 주제와 관련된 질문에 답을 하면서 이야기를 자유롭게 합니다. 자신의 생각을 한국어로 말하고 써 보면서 한국어 표현 능력을 키울 수 있습니다.

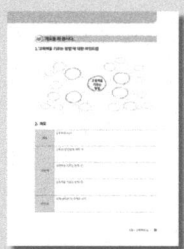

개요를 짜 봅시다.

글을 쓰기 전에 주제와 연관하여 생각을 풍성하게 모을 수 있도록 마인드맵을 작성하는 활동을 합니다. 마인드맵에 작성한 것 중에서 쓰고 싶은 내용들을 선택하고 순서를 정하여 하나의 개요로 구성할 수 있습니다. 제시된 표에 처음, 가운데, 마무리에 넣을 내용들을 정하여 간단하게 작성해 봅니다.

개요에 따라 써 봅시다.

개요에 작성한 내용들을 바탕으로 초안을 써 봅니다. 처음부터 완벽한 문장을 쓰려고 애쓰기보다는 개요의 내용을 자연스럽게 연결해 봅니다. 이때 아래에 있는 표현들을 사용하여 글을 써 볼 수 있습니다. 초안을 쓴 다음, 동료와 함께 읽어 보면서 수정할 부분을 메모해 봅니다.

 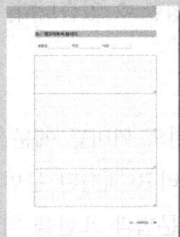

원고지에 써 봅시다.

초안을 수정하고 다듬어 원고지에 써 봅니다. 10쪽에 있는 '원고지 사용 방법'을 확인하여 자신이 쓴 글을 점검합니다.

 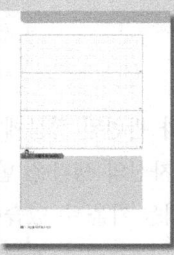

이렇게 써 보세요.

글을 다 쓴 후 피드백을 메모할 수 있습니다. 교수자, 학생들 간의 피드백 또는 학생들이 자신이 쓴 글에 대한 느낀 점, 고칠 점들을 메모할 수 있습니다.

단원의 구성

단원	단원명	읽기·쓰기 주제	문법 표현
1	모나리자의 미소	조화	• N(으)로 유명하다 • N도 마찬가지이다　🏠 N도 ~ N과/와 마찬가지로 • A/V-기보다는
2	가위바위보와 본능	습관	• V-는 경향　🏠 V-는 경향이 있다, N(적) 경향 • N에서 비롯되다 • N을/를 끼치다
3	고독의 힘	고독력을 기르는 방법	• 이른바 • N에 따르면 • N(이)란
4	시작이 반	동기의 필요성	• A/V-(으)ㄹ부터 ~ A/V-(으)ㄹ 때까지 • V-도록 하다　🏠 V-게 하다 • A/V-더라도
5	창의적 사고	창의적 모방	• N적 • A/V-기는 하지만[하나]　🏠 N(이)기는 하지만[하나] • V-(으)ㄹ 필요가 있다/없다
6	기부의 가치	기부의 가치와 방법	• V-기 위해(서) • V-는 대신(에) • N에 해당하다
7	행복의 조건	행복한 삶	• N(이)라고 해서 ~ (모두) A/V-는/은/ㄴ 것은 아니다 • V-(으)려면 • A/V-기 위해(서)　🏠 A/V-기 위하여
8	자기중심적 사고	나에 대한 탐색과 발견	• A-(으)ㄴ/ V-는 양　🏠 V-(으)ㄹ 양 • A-(으)ㄴ/ V-는 듯하다　🏠 A/ V-(으)ㄹ 듯하다 • N처럼
9	손가락과 잠재 능력	말을 잘하는 방법	• V-는 것이 밝혀지다(알려지다) 　🏠 N1이/가 N2(으)로 밝혀지다(알려지다) • N에 불과하다 • V-ㄴ/는 바
10	현대인의 질병	현대인의 질병	• N와/과 달리[다르게] • 그뿐(만) 아니라 • V-는가?, A-(으)ㄴ가?, N인가?
11	청소년기의 중요성	청소년기를 건강하게 보내는 방법	• V-기(에) A • V-는/A-(으)ㄴ/N-인 경우 • A/V-도록
12	변화하는 인재	현대 사회의 인재	• N(으)로 인하다 • N(이)라고 불리다 • N(으)로써　🏠 N(으)로서

원고지 사용 방법

1) 전체 글에서 가장 첫 번째 칸은 띄우고 글쓰기를 시작합니다.

	최	근		외	국	인		유	학	생	들	의		한

2) 글자는 한 칸에 하나씩 씁니다.

	최	근		외	국	인		유	학	생	들	의		한

3) 영어 대문자 알파벳은 한 칸에 한 글자씩 쓰고 영어 소문자 알파벳은 한 칸에 두 글자씩 씁니다.

한	국	은		O	E	C	D		국	가		중	에
미	국		T	im	e		지	에		따	르	면	한

4) 숫자는 한 칸에 두 글자씩 씁니다.

	20	02	년	은		한	국	의		역	사	적	인

5) 새 문단을 시작할 때는 한 칸을 띄우고 씁니다.

중	요	하	다	는		사	실	이	다	.			
	또	한		우	리	가		주	목	해	야		하	는

6) 하나의 문장 부호는 한 칸에 씁니다. 마침표(.)와 쉼표(,), 쌍점(:), 반쌍점(;) 뒤는 한 칸을 띄우지 않습니다.

줄	이	는		것	이		필	요	하	다	.	그	리	고

7) 그러나 느낌표(!)와 물음표(?) 뒤는 한 칸을 띄웁니다.

	"	하	하	!		깜	짝		놀	랐	지	?	"	

8) 줄 마지막에 한 칸을 띄워야 하는 상황이라도 다음 줄에서 첫 번째 칸에 이어서 씁니다.

바	꾸	는		것	이	야	말	로		중	요	하	다	는
것	이	다	.											

9) 줄 마지막에 문장부호를 써야 할 때는 마지막 글자를 쓴 칸 안에 문장부호를 같이 씁니다.

바	꾸	는		것	이	야	말	로		중	요	해	졌	다.

CONTENTS

- 머리말 5
- 이 책의 구성과 특징 6
- 단원의 구성 9
- 원고지 사용 방법 10

1과	모나리자의 미소	13
2과	가위바위보와 본능	25
3과	고독의 힘	37
4과	시작이 반	49
5과	창의적 사고	62
6과	기부의 가치	75
7과	행복의 조건	87
8과	자기중심적 사고	99
9과	손가락과 잠재 능력	112
10과	현대인의 질병	124
11과	청소년기의 중요성	137
12과	변화하는 인재	151

- 모범 답안 164

1과 모나리자의 미소

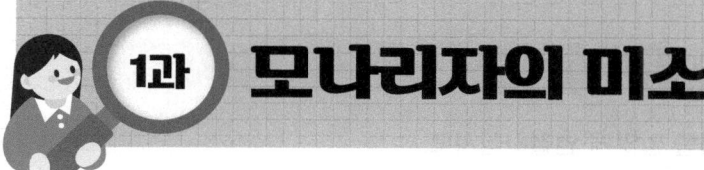

💡 생각해 봅시다.

📌 다음 그림을 보고 사람들의 감정이 어떤지 생각해 봅시다.

📖 어휘를 공부해 봅시다.

1. 아래의 어휘와 의미를 알맞게 연결하십시오.

① 좌절　　　•　　　• ㉮ 마음이나 기운이 꺾임

② 궁극적　　•　　　• ㉯ 겁나고 꺼려지는 마음이나 그런 느낌

③ 두려움　　•　　　• ㉰ 여자로서 마음씨가 곱고 행동이 바름

④ 정숙하다　•　　　• ㉱ 어떤 일의 마지막이나 끝에 도달하는 것

⑤ 신비스럽다 •　　　• ㉲ 보통의 생각으로는 이해할 수 없을 만큼 놀랍고 신기함

2. 빈칸에 들어갈 어휘를 골라 알맞게 쓰십시오.

좌절	궁극적	두려움	설레다	신비스럽다

① 저녁이 되자 바다는 (　　　　) 빛깔로 변하였다.

② 힘든 상황 속에서 (　　　　)을 이겨내고 결국 성공을 하였다.

③ 춥고 어두운 산에서 길을 잃은 우리는 (　　　　)을 느꼈다.

④ 콘서트에 간다는 생각에 마음이 (　　　　) 밤늦도록 잠을 자지 못했다.

⑤ 어려운 경제 상황을 (　　　　)으로 해결할 수 있는 방안이 필요하다.

자세히 읽어 봅시다.

📌 다음 글을 읽고, 아래의 질문에 대답하십시오.

'모나리자'는 이탈리아의 화가인 레오나르도 다빈치가 그린 초상화이다. 이 그림은 특히 정숙한 여인의 신비스러운 미소로 유명하다. 웃는 듯하지만 자세히 보면 웃고 있지 않는 표정 때문에 신비한 미소라는 평가를 받고 있다.
　과학자들의 분석에 따르면 모나리자의 미소에는 83%의 행복감에 17% 정도의 분노와 두려움도 (　㉠　) 한다. 이를 '모나리자 미소의 법칙'이라고 한다. 결국 모나리자의 신비스러운 미소는 행복감과 두려움의 조화 때문이라는 것이다. 우리의 삶도 ㉡마찬가지라고 할 수 있다. 기쁨과 슬픔, 행복과 불행, 만족과 불만족이 조화를 이루는 삶이 결국 완전한 행복에 이르는 길이다.
　슬픔과 괴로움 같은 부정적인 감정들은 좌절에 빠지게 하기보다는 오히려 현실감을 유지하여 궁극적으로는 행복감을 느낄 수 있게 하는 힘이 되기도 한다.

☐ 모나리자
☐ 초상화
☐ 정숙하다
☐ 신비스럽다
☐ 신비하다
☐ N(으)로 유명하다
☐ 평가하다
☐ 두려움
☐ 조화
☐ 마찬가지
☐ 완전하다
☐ 좌절
☐ 오히려
☐ 현실감
☐ 궁극적

1. 이 글의 내용과 같은 것을 고르십시오. (　　　)

① 모나리자는 정숙한 여인으로 평가받고 있다.
② 모나리자의 미소는 완벽한 웃음으로 유명하다.
③ 부정적인 감정 때문에 우리는 좌절에 빠지게 된다.
④ 괴로움은 행복감을 느낄 수 있도록 하는 힘이 된다.

2. (㉠)에 들어갈 내용으로 알맞은 것을 고르십시오. (   )

   ① 제외된다고   ② 포함된다고

   ③ 들어 있다고   ④ 담겨 있다고

3. ㉡과 비슷한 의미로 알맞은 것을 고르십시오. (   )

   ① 같다고   ② 다르다고   ③ 아니라고   ④ 물론이라고

4. 이 글의 주제를 고르십시오. (   )

   ① 완전한 행복에 이르도록 노력해야 한다.
   ② 삶은 행복과 불행의 조화로 이루어져 있다.
   ③ 신비스러운 미소를 짓기 위해 노력해야 한다.
   ④ '모나리자'는 이탈리아 유명 화가의 초상화이다.

다시 읽어 봅시다.

1. 다음을 읽고 순서에 맞게 문장을 다시 배열하십시오.

'모나리자'는 이탈리아의 화가인 레오나르도 다빈치가 그린 초상화이다.

㉠ 과학자들의 분석에 따르면 모나리자의 미소에는 83%의 행복감에 17% 정도의 분노와 두려움도 담겨있다고 한다.
㉡ 이를 '모나리자 미소의 법칙'이라고 한다. 결국 모나리자의 신비스러운 미소는 행복감과 두려움의 조화 때문이라는 것이다.
㉢ 이 그림은 특히 정숙한 여인의 신비스러운 미소로 유명하다.

(   ) - (   ) - (   )

2. 본문을 읽고 중심 내용을 한 문장으로 요약하십시오.

1문단	
2문단	
3문단	

3. 이 글에서 중요한 어휘를 써 보십시오.

4. 위에 쓴 어휘를 사용해서 이 글의 중심 내용을 한 문장으로 요약해 보십시오.

memo.

표현을 연습해 봅시다.

1. **N(으)로 유명하다** 이름이 널리 알려져 있음

   예) 진해는 벚꽃이 아름답기로 유명한 지역이다.
   내 친구는 학교에서 춤을 잘 추기로 유명하다.

   ⇨ _____

   ⇨ _____

2. **N도 마찬가지이다** 둘 이상의 사물의 모양이나 일의 형편이 서로 같음

   N도 ~ N과/와 마찬가지로

   예) 조화가 중요한 것은 음식도 마찬가지이다.
   전자 담배도 건강에 해롭기는 마찬가지이다.
   떡볶이도 김치나 불고기와 마찬가지로 유명한 한국 음식이다.
   오늘도 다른 날과 마찬가지로 아침에 1시간 운동을 하고 학교로 갔다.

   ⇨ _____

   ⇨ _____

3. **A/V-기보다는** 앞의 말에 비해서 뒤의 말이 더 알맞음을 나타내는 표현

   예) 나는 개를 싫어하기보다는 무서워하는 것이다.
   그 사람이 틀렸다기보다는 그냥 나와 생각이 다른 것이다.

   ⇨ _____

   ⇨ _____

생각을 나눠 봅시다.

📍 친구들과 함께 아래의 질문에 대해 이야기를 해 보십시오.

1. 여러분은 요즘 삶에서 느끼는 불안과 두려움이 큽니까? 행복이 큽니까?

2. 불안과 두려움이 주는 부정적인 영향은 어떤 것이 있습니까?

3. 불안과 두려움이 주는 긍정적인 영향은 어떤 것이 있습니까?

4. 행복과 불안, 두려움이 조화롭게 되기 위해서 어떤 노력을 해야 합니까?

개요를 짜 봅시다.

1. '행복과 두려움, 불안'에 대한 마인드맵

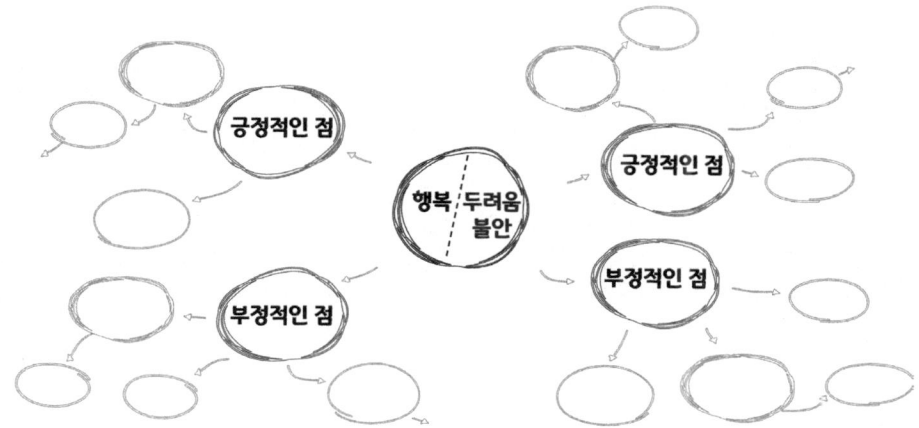

2. 개요

처음	조화로운 삶의 의미
가운데	행복의 긍정적인 점과 부정적인 점
	두려움, 불안의 긍정적인 점과 부정적인 점
마무리	조화로운 삶을 살기 위한 노력

개요에 따라 써 봅시다.

- N(으)로 유명하다
- N도 마찬가지이다, N도 마찬가지로
- A/V-기보다는, V-는 것이 아니라

원고지에 써 봅시다.

제출일: _____ 학번: _____ 이름: _____

이렇게 써 보세요.

2과 가위바위보와 본능

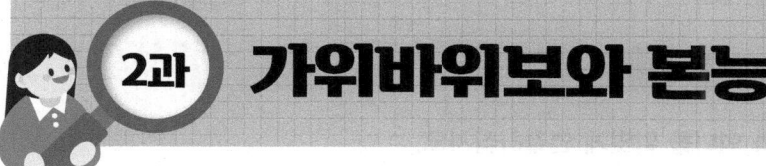

생각해 봅시다.

📌 여러분은 가위, 바위, 보 중에서 무엇을 먼저 내는지 말해 보십시오.

1. 이긴 다음에는 주로 무엇을 냅니까?

2. 진 다음에는 주로 무엇을 냅니까?

어휘를 공부해 봅시다.

1. 아래의 어휘와 의미를 알맞게 연결하십시오.

① 경우 •　　　　•㉮ 놓여 있는 조건이나 형편

② 경향 •　　　　•㉯ 자연적으로 타고나서 하게 되는 동작, 감정

③ 본능 •　　　　•㉰ 어떤 일을 하거나 어떤 일이 이루어지는 차례

④ 선호도 •　　　•㉱ 어느 한 방향으로 기울어진 생각, 행동, 현상

⑤ 순서 •　　　　•㉲ 여럿 가운데서 어떤 것을 특별히 더 좋아하는 정도

2. 빈칸에 들어갈 어휘를 골라 알맞게 쓰십시오.

선택하다	유지하다	유리하다	반응하다	유연성

① 키가 크면 농구하기에 (　　　　).

② 청소년들은 유행에 빠르게 (　　　　).

③ 몸의 (　　　　)을 기르기 위해 요가를 시작했다.

④ 운동을 꾸준히 하면 체력을 (　　　　)는 데 도움이 된다.

⑤ 직업을 (　　　　) 때는 적성, 흥미 등을 다 고려해야 한다.

📖 자세히 읽어 봅시다.

📎 다음 글을 읽고, 아래의 질문에 대답하십시오.

본문	어휘
사람들은 '가위바위보'를 이용해 순서를 정하는 경우가 많다. 그러나 이것은 사람들이 아무 생각 없이 선택하는 것이 아니다. 자신이 이긴 경우에는 자신이 선택한 것을 유지하고, 진 경우에는 다른 것을 선택하는 경향이 있다. 이러한 경향은 사람들이 순간적인 행동을 할 때도 이기려는 본능 때문에 자신에게 유리하게 반응한다는 것을 보여준다. 　이러한 본능은 일상적인 상황에서도 나타난다. 예를 들어 어떤 제품을 구매할 때, 자신이 좋아하는 브랜드를 계속해서 선택하는 경향이 있다. 이러한 선택은 자신의 선호도를 유지하고, 자신의 선택이 옳았다는 것을 입증하기 위한 본능에서 비롯된다. 　(㉠) 이러한 본능은 때로는 다른 사람들뿐만 아니라 자신에게도 해를 끼칠 수도 있다. 예를 들어, 사람들이 자신이 선택한 것을 고집하다 보면, 자신이 잘못 선택한 경우에도 그것을 (㉡) 경향이 있다. 따라서 자신의 선택이 옳은지 다시 한 번 생각하여 필요한 경우에는 선택을 변경하는 유연성을 가져야 하겠다.	☐ 순서 ☐ 경우 ☐ 이기다 ☐ 지다 ☐ 선택하다 ☐ 유지하다 ☐ 경향 ☐ 순간적 ☐ 본능 ☐ 유리하다 ☐ 반응하다 ☐ 제품 ☐ 구매하다 ☐ 브랜드 ☐ 선호도 ☐ 옳다 ☐ 입증하다 ☐ 해 ☐ 끼치다 ☐ 변경하다 ☐ 유연성

1. 이 글의 내용과 같은 것을 고르십시오. (　　　)

① 가위바위보는 우연히 내는 것이다.

② 가위바위보에서 이겼을 때 그 다음에 다른 것을 낸다.

③ 가위바위보에서 졌을 때 계속 같은 것을 내는 경향이 있다.

④ 가위바위보 중 하나를 선택하는 것은 자신의 선택이 옳았음을 증명하는 것이다.

2. (㉠)에 들어갈 내용으로 알맞은 것을 고르십시오. (   )

① 하지만   ② 따라서   ③ 그리고   ④ 이와 달리

3. (㉡)에 들어갈 내용으로 알맞은 것을 고르십시오. (   )

① 입증하다   ② 유지하다   ③ 변경하다   ④ 생각하다

4. 이 글의 주제를 고르십시오. (   )

① 가위바위보는 게임을 할 때 많이 한다.
② 자신의 선택이 옳다는 것을 입증해야 한다.
③ 자신이 이긴 경우에는 선택한 것을 계속 유지해야 한다.
④ 자신의 선택을 점검하여 필요한 경우 선택을 변경할 수 있다.

다시 읽어 봅시다.

1. 다음을 읽고 순서에 맞게 문장을 다시 배열하십시오.

> 사람들은 일상적인 상황에서 '가위바위보'를 이용해 순서를 정하는 경우가 많다.
>
> ㉠ 이러한 경향은 사람들이 순간적인 행동을 할 때도 이기려는 본능으로 자신에게 유리하게 반응한다는 것을 보여준다.
> ㉡ 사람들은 자신이 이긴 경우 자신이 선택한 것을 유지하고, 진 경우에는 다른 것을 선택하는 경향이 있다.
> ㉢ 그러나 이것은 사람들이 아무 생각 없이 선택하는 것이 아니다.
>
> (　　) – (　　) – (　　)

2. 본문을 읽고 각 문단의 중심 내용을 한 문장으로 요약하십시오.

1문단	
2문단	
3문단	

3. 이 글에서 중요한 어휘를 써 보십시오.

4. 위에 쓴 어휘를 사용해서 이 글의 중심 내용을 한 문장으로 요약해 보십시오.

memo.

표현을 연습해 봅시다.

1. **V-는 경향** 어느 한 방향으로 기울어진 생각이나 행동, 현상

   V-는 경향이 있다, N(적) 경향

   예) 책을 읽으면 잠이 오는 경향이 있다.

   사람들이 서울로 이주하는 경향이 심해졌다.

   최근 고객들의 소비 경향을 분석하면 국내산 야채류를 선호하는 것을 알 수 있다.

   ⇨ _____

   ⇨ _____

2. **N에서 비롯되다** 앞의 내용에서 처음으로 시작됨

   예) 그의 성공은 착한 선행에서 비롯된 것이다.

   아이들 싸움에서 비롯되어 어른 싸움으로 이어졌다.

   ⇨ _____

   ⇨ _____

3. **N을/를 끼치다** 다른 사람이나 일, 사회에 영향을 줌

   걱정, 근심, 불편, 해, 영향 + 을/를 끼치다

   예) 심려를 끼쳐 죄송합니다.

   세계 경제 위기는 우리나라에도 악영향을 끼쳤다.

   ⇨ _____

   ⇨ _____

생각을 나눠 봅시다.

📌 친구들과 함께 아래의 질문에 대해 이야기를 해 보십시오.

1. 자신의 습관에는 어떤 것이 있습니까?

2. 좋은 습관과 나쁜 습관을 구분해 보십시오.

3. 나쁜 습관을 고치기 위해서 어떤 노력을 합니까?

4. 친구들과 나쁜 습관을 고치기 위한 방법에 대해 이야기해 보십시오.

📖 개요를 짜 봅시다.

1. '유명인, 위인의 습관'과 관련된 일화, 사례 찾아보기

2. '나의 습관'에 대한 마인드맵

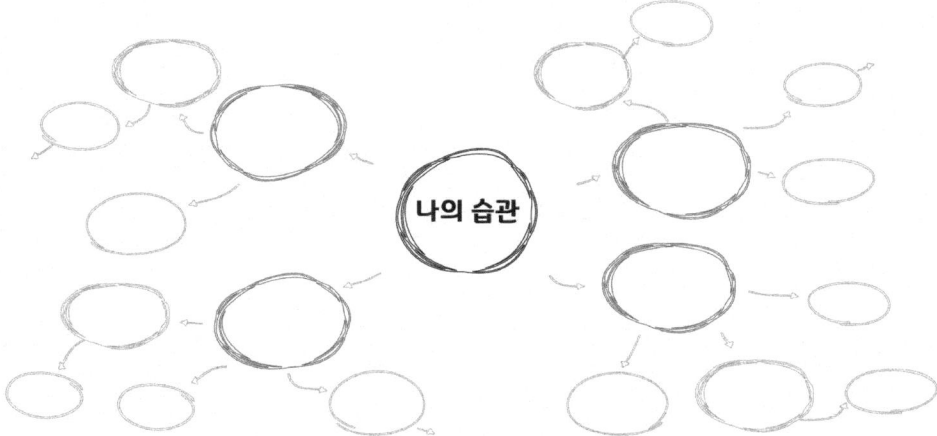

3. 개요

처음	유명한 사람의 습관과 관련된 일화, 습관의 중요성
가운데	나의 좋은 습관
	나의 나쁜 습관
	좋은 습관을 유지하고, 나쁜 습관을 고칠 수 있는 방안
마무리	주제 요약하기, 주제문 쓰기

개요에 따라 써 봅시다.

- V-는 경향이 있다
- V-는 편이다
- N에서 비롯되다
- N을/를 끼치다
- A/V-(으)ㄹ 필요가 있다

원고지에 써 봅시다.

제출일:_____ 학번:_____ 이름:_____

200

600

700

이렇게 써 보세요.

3과 고독의 힘

생각해 봅시다.

📌 다음의 그래프는 5년간 1인 가구의 변화를 보여주는 그래프입니다.
이러한 현상으로 볼 때 한국 사회에는 어떠한 변화가 생길 것 같습니까?

〈1인 가구 추이〉

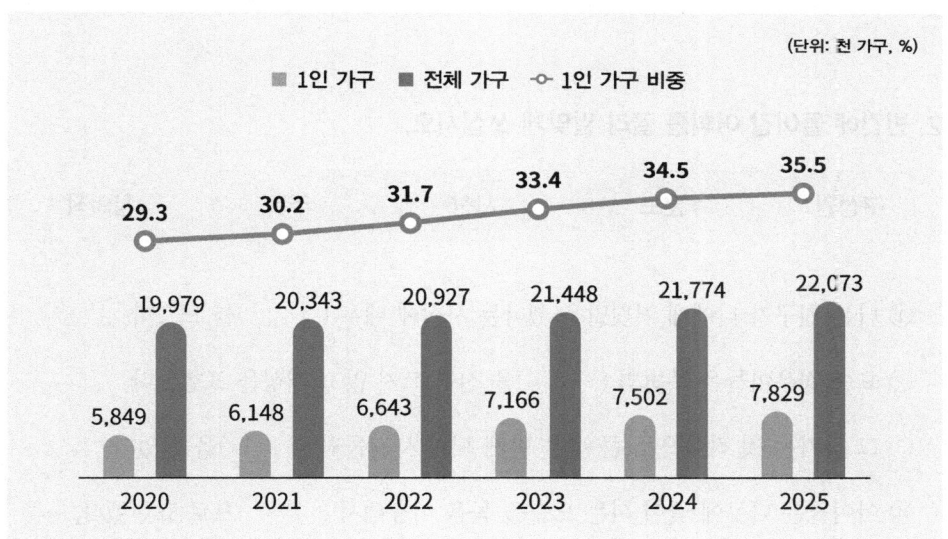

(통계청, 『2025 통계로 보는 1인 가구』 참조)

어휘를 공부해 봅시다.

1. 아래의 어휘와 의미를 알맞게 연결하십시오.

① 고립 • • ㉮ 거의 변하지 않고 그대로

② 꾸준히 • • ㉯ 어떤 방향으로 보고 있는 눈

③ 시선 • • ㉰ 관심을 가지고 자세히 살펴봄

④ 주목 • • ㉱ 지금까지 없던 새로운 것이 나타남

⑤ 창의적 • • ㉲ 다른 장소나 사람과 연락을 주고받지 않고 혼자 떨어짐

2. 빈칸에 들어갈 어휘를 골라 알맞게 쓰십시오.

| 구성원 | 분노 | 시선 | 주목 | 창의적 |

① 나는 친구가 나에게 거짓말을 했다는 사실에 매우 (　　)를 느꼈다.

② 요즘 젊은이들은 주변의 (　　)을 신경 쓰지 않고 개성을 표현한다.

③ 그 작가는 첫 작품으로 큰 상을 받게 되어 사람들의 (　　)을 끌었다.

④ 아이들은 나무에 꽃이 피는 모습을 몸을 이용해서 (　　)으로 표현했다.

⑤ 우리 가족 (　　)은 할머니, 아버지, 어머니, 남동생 그리고 나 모두 다섯 명이다.

자세히 읽어 봅시다.

다음 글을 읽고, 아래의 질문에 대답하십시오.

최근 한국 사회에서는 다른 가족 구성원 없이 혼자서 가정을 이루는 이른바 1인 가구가 증가하고 있다. 통계청의 2025년 조사에 따르면 1인 가구의 비율은 2020년 29.3%에서 5년 만에 35.5%로 꾸준히 증가하고 있다고 한다. 이러한 원인은 일이나 공부를 위해 가족과 떨어져 지내기도 하고 한국인의 결혼 연령이 점차 높아지고 있는 등 여러 가지가 있다.

이와 같이 혼자 사는 사람들이 많아지면서 외로움을 이겨내는 '고독력'이 ㉠ 주목을 받고 있다. 고독력이란 홀로 있는 시간을 즐기고 창의적으로 활용하는 능력을 말한다. 즉 혼자 있기 때문에 (㉡) 하고 싶은 것을 즐겁게 할 수 있고 보다 생산적인 일을 할 수 있다는 것이다.

이러한 능력을 기르기 위해서는 남의 시선에 얽매이지 않고 외로움과 마주 서는 연습을 해야 한다. 외로움을 받아들이지 못하면 분노와 적개심이 쌓일 수도 있고, 외로움 속에 스스로를 고립시켜 우울증에 걸리기도 한다. 따라서 무엇보다 외로움을 두려워하지 않는 태도가 우선되어야 한다.

☐ 구성원
☐ 가정을 이루다
☐ 이른바
☐ -에 따르면
☐ 꾸준히
☐ 연령
☐ 외로움
☐ 이겨내다
☐ 고독
☐ 쓸쓸하다
☐ 홀로
☐ 창의적
☐ 오히려
☐ 시선
☐ 얽매이다
☐ 마주 서다
☐ 분노
☐ 적개심
☐ 고립
☐ 우울증

1. 이 글의 내용과 같은 것을 고르십시오. (　　　)

① 한국은 2022년부터 1인 가구가 증가했다.
② 일이나 공부 때문에 혼자 사는 사람들이 많다.
③ 고독력이 높은 사람은 외로움을 받아들이지 못한다.
④ 혼자 있는 시간을 즐기는 사람은 우울증에 걸릴 확률이 높다.

2. ㉠과 비슷한 의미로 알맞은 것을 고르십시오. (   )

① 눈이 높고　　② 눈을 감고　　③ 눈길을 끌고　　④ 눈살을 찌푸리고

3. (㉡)에 들어갈 내용으로 알맞은 것을 고르십시오. (   )

① 설마　　　　② 아마　　　　③ 어차피　　　　④ 오히려

4. 이 글의 주제를 고르십시오. (   )

① 1인 가구를 위한 지원을 더 많이 펼쳐야 한다.
② 분노와 적개심을 낮추기 위해서 외로움을 견뎌야 한다.
③ 고독력을 키우면 혼자 있는 시간을 더 잘 활용할 수 있다.
④ 한국인의 높은 결혼 연령이 사회적 문제가 되므로 이를 해결해야 한다.

눈이 높다
눈을 감다
눈길을 끌다
눈살을 찌푸리다

다시 읽어 봅시다.

1. 다음을 읽고 순서에 맞게 문장을 다시 배열하십시오.

> 1인 가구가 꾸준히 증가하고 있는 원인은 일이나 공부를 위해 가족과 떨어져 지내기도 하고 한국인의 결혼 연령이 점차 높아지고 있는 등 혼자 사는 사람들이 늘어났기 때문이다.
>
> ㉠ 이와 같이 혼자 사는 사람들이 많아지면서 외로움을 이겨내는 '고독력'이 주목을 끌고 있다.
> ㉡ 즉 혼자 있기 때문에 오히려 하고 싶은 것을 즐겁게 할 수 있고 보다 좀 더 생산적인 일을 할 수 있다는 것이다.
> ㉢ 고독력이란 혼자 있는 시간을 즐기고 창의적으로 활용하는 능력을 뜻한다.
>
> (   ) - (   ) - (   )

2. 본문을 읽고 각 문단의 중심 내용을 한 문장으로 요약하십시오.

1문단	
2문단	
3문단	

3. 이 글에서 중요한 어휘를 써 보십시오.

4. 위에 쓴 어휘를 사용해서 이 글의 중심 내용을 한 문장으로 요약해 보십시오.

memo.

표현을 연습해 봅시다.

1. **이른바** 사람들이 일반적으로 말하는 것처럼

    예 그 아이는 아주 똑똑해서 이른바 영재라고 불린다.
    그 남자는 이른바 전문 작가는 아니지만 종종 글을 써서 책을 낸다.

    ⇨ _____

    ⇨ _____

2. **N에 따르면** 어떤 것에 기초하거나 그것을 이유로 함

    예 연구 결과에 따르면 식생활은 건강에 큰 영향을 준다.
    그 책에 따르면 30년 이내에 꿀벌이 멸종할 수 있다고 한다.

    ⇨ _____

    ⇨ _____

3. **N(이)란** 무엇을 소개하거나 정의함

    예 한 철학자는 인간이란 이성적 동물이라고 말했다.
    좋은 부모란 자녀들의 변화를 계속 지켜봐 주고 필요할 때 돕는 사람이다.

    ⇨ _____

    ⇨ _____

생각을 나눠 봅시다.

📌 친구들과 함께 아래의 질문에 대해 이야기를 해 보십시오.

1. 여러분은 혼자 있는 시간을 좋아하는 편입니까, 두려워하는 편입니까?

2. 왜 그렇게 생각합니까?

3. 여러분은 혼자 있는 시간을 잘 보내기 위해서 어떤 노력을 합니까?

4. '고독력을 기르기 위한 방법'에 대해 친구들과 이야기하고 간단하게 써 보십시오.

📖 개요를 짜 봅시다.

1. '고독력을 기르는 방법'에 대한 마인드맵

2. 개요

처음	고독력의 의미
가운데	고독의 장단점에 대한 예
	고독력을 기르는 방법 ①
	고독력을 기르는 방법 ②
마무리	주제 요약하기, 주제문 쓰기

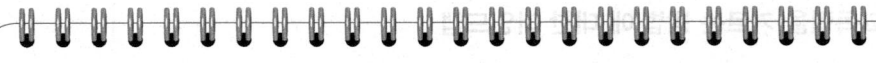 개요에 따라 써 봅시다.

- 요즘[최근] V-고 있다, V-는 경향이 있다
- N에 따르면 A-다고/V-는다고/N-(이)라고 한다
- N은/는[(이)란] N(이)라고 한다[정의된다]
- 즉[다시 말해(서)] (N은/는) A-다는/V-는다는/N(이)라는 것[점]이다

원고지에 써 봅시다.

제출일: _____ 학번: _____ 이름: _____

이렇게 써 보세요.

4과 시작이 반

생각해 봅시다.

'시작이 반이다'라는 말이 있습니다. 시작하면 이미 절반을 한 것과 같다는 뜻입니다. 하지만 어떤 일이든지 시작하기가 어렵습니다. 어떤 일을 시작할 때 우리에게 필요한 것은 무엇일까요?

📖 어휘를 공부해 봅시다.

1. 아래의 어휘와 의미를 알맞게 연결하십시오.

① 극복 •   • ㉮ 맡고 있는 기능이나 작용

② 동기 •   • ㉯ 나쁜 조건이나 힘든 일 등을 이겨냄

③ 역할 •   • ㉰ 어떤 일이나 행동을 하게 되는 원인이나 기회

④ 영향 •   • ㉱ 어떤 것의 효과나 작용이 다른 것에 미치는 것

⑤ 만족감 •   • ㉲ 기대하거나 필요한 만큼 이루어져 즐겁고 흐뭇한 마음

2. 빈칸에 들어갈 어휘를 골라 알맞게 쓰십시오.

동기	역할	영향	만족감	극복하다

① 그는 장애를 (   )고 마라톤 선수가 되었다.

② 연예인은 팬들을 통하여 사회에 (   )을 미친다.

③ 청소년에게는 공부를 해야 하는 (   )가 필요하다.

④ 심장은 몸 전체로 혈액을 보내 주는 펌프 (   )을 한다.

⑤ 학생들은 열심히 공부한 만큼 성적이 잘 나왔을 때 큰 (   )을 느낀다.

자세히 읽어 봅시다.

📌 다음 글을 읽고, 아래의 질문에 대답하십시오.

우리가 어떤 일을 시작하는 데에는 동기가 중요한 역할을 한다. 동기란 어떤 일을 하게 하는 보이지 않는 힘을 뜻하는데, 동기는 우리가 일을 시작할 때부터 마칠 때까지 많은 영향을 미친다.

어떤 일을 시작할 때 동기가 있으면 그 일을 하는 데 날개를 단 것과 같다. 예를 들어 자신의 능력을 인정받고 싶어 하는 사람이라면 주변 사람들의 칭찬만큼 효과적인 동기도 없다. 또 승진이나 월급 인상과 같은 보상도 우리가 일을 ㉠시작하도록 하는 동기가 된다. 이처럼 동기는 일을 시작하는 데 중요한 역할을 한다.

동기는 일의 결과에도 영향을 준다. 자신이 흥미가 있고 만족감을 느낄 수 있는 일을 하면 그 일을 더 잘해 낼 수 있다. 그뿐만 아니라 어떤 어려움이 있더라도 이겨 낼 수 있는 힘을 준다. (㉡) 일을 시작할 때 분명한 동기를 가지고 있으면 그 일을 더 쉽게, 그리고 더 성공적으로 마칠 수 있을 것이다. 이처럼 어떤 동기를 갖느냐에 따라 일의 시작과 결과에 중요한 영향을 미친다.

☐ 동기
☐ 역할
☐ 영향
☐ 인정받다
☐ 효과적이다
☐ 승진
☐ 인상
☐ 보상
☐ 만족감
☐ 극복하다
☐ 마무리하다
☐ 이겨 내다
☐ 결과

1. 이 글의 내용과 같은 것을 고르십시오. (　　　)

① 동기가 없으면 일을 시작할 수 없다.
② 주변 사람들의 칭찬을 받으면 성공할 수 있다.
③ 동기는 어려움을 극복해 낼 수 있는 힘이 된다.
④ 분명한 동기 없이 일을 시작하면 마무리할 수 없다.

2. ㉠과 비슷한 의미로 알맞은 것을 고르십시오. (   )

   ① 시작한 후에   ② 시작하지 못하는
   ③ 시작하는 대신에   ④ 시작하고자 하는

3. (㉡)에 들어갈 내용으로 알맞은 것을 고르십시오. (   )

   ① 다음에   ② 오히려
   ③ 반면에   ④ 따라서

4. 이 글을 쓴 목적으로 가장 알맞은 것을 고르십시오. (   )

   ① 동기의 종류를 소개하려고
   ② 동기의 필요성을 강조하려고
   ③ 동기 강화 방법을 알려 주려고
   ④ 동기가 미치는 영향을 파악하려고

📖 다시 읽어 봅시다.

1. 다음을 읽고 순서에 맞게 문장을 다시 배열하십시오.

동기는 일의 결과에도 영향을 준다.

㉠ 따라서 분명한 동기를 가지고 있으면 원하는 결과를 얻을 수 있다.
㉡ 그뿐만 아니라 스트레스를 받더라도 이겨낼 수 있는 힘을 준다.
㉢ 그래서 자신이 흥미가 있고 만족감을 느낄 수 있는 일을 하면 어려움이 있더라도 극복하고 일을 마무리하는 데 도움을 준다.

(   ) - (   ) - (   )

2. 본문을 읽고 중심 내용을 한 문장으로 요약하십시오.

1문단	
2문단	
3문단	

3. 이 글에서 중요한 어휘를 써 보십시오.

4. 위에 쓴 어휘를 사용해서 이 글의 중심 내용을 한 문장으로 요약해 보십시오.

memo.

표현을 연습해 봅시다.

1. **A/V-(으)ㄹ 때부터 ~ A/V-(으)ㄹ 때까지** 시작이나 처음에서 끝이나 현재를 나타냄

    예) 어릴 때부터 지금까지 매일 일기를 쓰고 있다.
    　　 나는 친구가 한국에 처음 도착했을 때부터 떠날 때까지 함께 있었다.

⇨ _____

⇨ _____

2. **V-도록 하다** 남에게 어떤 행동을 하게 시킴

    예) 승무원은 승객들에게 모두 안전벨트를 매도록 했다.
    　　 감기에 걸렸을 때는 반드시 마스크를 쓰도록 하세요.

    💬 V-게 하다
    예) 나는 동생에게 감기약을 먹게 했다.
    　　 아버지는 아들에게 청소를 하게 했다.

⇨ _____

⇨ _____

3. **A/V-더라도** 앞 내용을 가정하거나 인정하지만 뒤 내용에 영향을 끼치지 않음

   예) 부모들은 조금 비싸더라도 자식에게 좋은 것을 사주려고 한다.
   어머니께서는 조금 늦더라도 꼭 아침을 먹고 학교에 가라고 하셨다.

⇨

⇨

생각을 나눠 봅시다.

📌 친구들과 함께 아래의 질문에 대해 이야기를 해 보십시오.

> 동기에는 내적 동기와 외적 동기가 있습니다. 내적 동기는 흥미, 만족감, 자부심과 같이 우리 마음속에서 저절로 생기는 것입니다. 외적 동기는 칭찬이나 보상과 같이 외부에서 오는 것입니다.

1. 여러분이 생각하는 내적 동기에는 어떤 것이 더 있습니까?
   내적 동기를 경험한 것이 있다면 말해 봅시다.

2. 여러분이 생각하는 외적 동기에는 어떤 것이 더 있습니까?
   외적 동기를 경험한 것이 있다면 말해 봅시다.

3. 여러분에게는 내적 동기가 중요합니까? 외적 동기가 중요합니까?
   그렇게 생각하는 이유는 무엇입니까?

📖 개요를 짜 봅시다.

1. '동기'에 대한 마인드맵

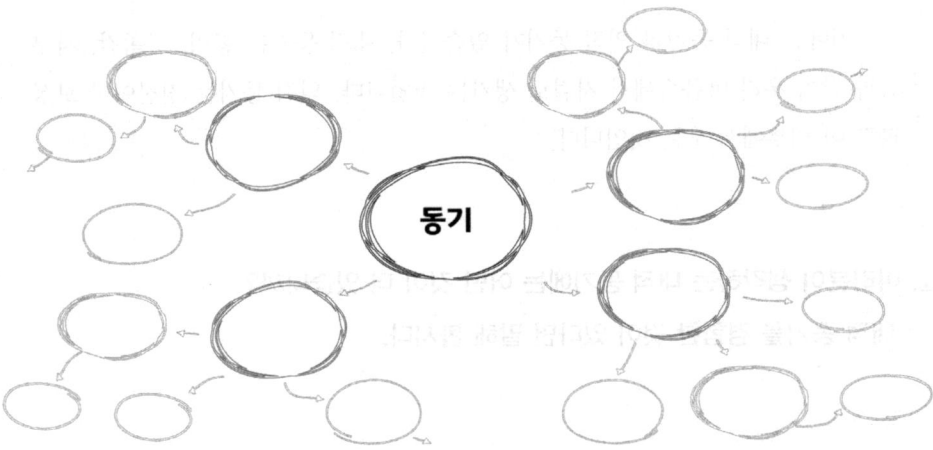

2. 개요

처음	동기의 정의, 동기의 중요성
가운데	동기의 종류와 예
	나의 경험에서는 어떤 동기가 중요하게 작용했는가?
마무리	앞 내용 요약, 동기의 필요성 강조

 개요에 따라 써 봅시다.

- A/V-(으)ㄹ 때부터 ~ A/V-(으)ㄹ 때까지
- V-도록 하다, V-게 하다
- A/V-더라도, A/V-아/어도

원고지에 써 봅시다.

제출일: _____ 학번: _____ 이름: _____

200

600

700

이렇게 써 보세요.

5과 창의적 사고

생각해 봅시다.

다음 그림을 보고 관련 있다고 생각하는 것을 자유롭게 말해 보십시오.

| 실리콘밸리

| 첨단산업

 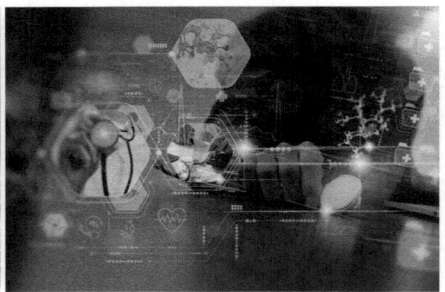

| 모방하다

어휘를 공부해 봅시다.

1. 아래의 어휘와 의미를 알맞게 연결하십시오.

① 고무적 •   • ㉮ 어떤 기준이나 기준에 가장 잘 맞음

② 상징 •   • ㉯ 추상적인 것을 구체적인 것으로 나타냄

③ 인재 •   • ㉰ 오래된 것을 완전히 바꾸어서 새롭게 함

④ 최적 •   • ㉱ 능력을 가지고 있어서 사회적으로 크게 쓰일 사람

⑤ 혁신 •   • ㉲ 무엇을 하려는 마음이 생기거나 무엇이 일어나게 자극함

2. 빈칸에 들어갈 어휘를 골라 알맞게 쓰십시오.

모방하다	발휘하다	거듭되다	마련하다	어우러지다

① 경제를 살리려는 정부의 노력에도 불구하고 경기 불황이 (   )고 있다.

② 5년 동안 열심히 일한 끝에 결국 나만의 집을 (   )게 되어 무척 기쁘다.

③ 요즘 청소년들은 연예인을 (   )서 옷을 입거나 화장을 하는 경우가 많다.

④ 합창은 여러 사람의 목소리가 하나로 (   ) 아름다운 소리를 만드는 것이다.

⑤ 그 축구 선수는 한 경기에서 세 골이나 넣으면서 자신의 실력을 최대한으로 (   )다.

자세히 읽어 봅시다.

다음 글을 읽고, 아래의 질문에 대답하십시오.

시간이 갈수록 젊은 인재들이 아이디어 하나로 세상을 바꿔 나가는 일이 늘고 있다. 대표적으로 미국의 실리콘밸리는 전 세계적으로 '창의적 기술 혁신'의 상징이 되었다. 이 모든 것이 한데 어우러져서 (㉠) 수 있는 최적의 환경을 만들어 낸 것이다.

㉡ 그런데 한국의 여러 도시에서 실리콘밸리의 성공 모델을 모방하여 적용하려는 시도가 이루어지고 있어 고무적이다. 수성시의 경우, 첨단과학기술단지를 조성하여 입주 기업들이 자신의 역량을 펼칠 수 있도록 하였다. 투자 예산 확대나 세금 감면 혜택 등을 통해 창의적 기업 활동의 길을 활짝 열어 준 것이다.

그 결과 기업들은 인주 지역 경제 활성화와 일자리 창출에 핵심적 역할을 하고 있다. 지역의 특수성을 고려한 수성시의 첨단과학기술단지는 새로운 경제 성장의 모델이 될 것이다.

이와 같이 향후 여러 도시에서도 지역의 특수성을 고려한 새로운 모델이 계속해서 등장할 것이다. 따라서 각 지역의 여건에 맞추어 창의적인 기업 활동을 지원하기 위한 정책을 마련해야 한다.

☐ 인재
☐ 아이디어
☐ 거듭되다
☐ 실리콘밸리
☐ 창의성
☐ 혁신
☐ 상징
☐ 어우러지다
☐ 발휘하다
☐ 최적
☐ 모델
☐ 적용하다
☐ 고무적
☐ 조성하다
☐ 역량
☐ 창출
☐ 모방하다
☐ 향후
☐ 여건
☐ 마련하다

1. 이 글의 내용과 같은 것을 고르십시오. (　　)

① 기존에 없던 새로운 물건으로 세상이 바뀌고 있다.
② 수성시는 경제적인 지원을 통해 기업 활동을 돕는다.
③ 미국의 실리콘밸리는 한국의 아이디어를 모방하여 만들어졌다.
④ 한국의 모든 도시는 지역의 특수성을 살리는 기업 활동을 해야 한다.

2. (㉠)에 들어갈 내용으로 알맞은 것을 고르십시오. (   )

① 문화가 창출될   ② 실패가 용납될
③ 자본력이 형성될   ④ 창의성이 발휘될

3. ㉡의 밑줄 친 부분에 나타난 필자의 태도로 알맞은 것을 고르십시오. (   )

① 경제 성장의 성공 사례가 활발히 도입되는 현상을 경계하고 있다.
② 경제 활성화를 위한 다양한 시도를 긍정적 측면에서 인정하고 있다.
③ 경제의 성공 방식을 해외에서 찾으려는 노력에 대해 감탄하고 있다.
④ 경제의 성공 요인을 다르게 파악하려는 자세에 대해 비판하고 있다.

4. 이 글의 주제를 고르십시오. (   )

① 여건에 맞는 경제 환경 조성이 중요하다.
② 실리콘밸리의 주요 성장 동력을 분석해야 한다.
③ 첨단과학을 중심으로 기업 단지를 조성해야 한다.
④ 기업의 경제 활동을 지원하는 은행을 만들어야 한다.

다시 읽어 봅시다.

1. 다음을 읽고 순서에 맞게 문장을 다시 배열하십시오.

> 대표적으로 미국의 실리콘밸리는 전 세계적으로 '창의적 기술 혁신'의 상징이 되었다. 다양한 것들이 한데 어우러져서 창의성이 발휘될 수 있는 최적의 환경을 만들어 낸 것이다.
>
> ㉠ 그런데 한국의 여러 도시에서 실리콘밸리의 성공 모델을 모방하여 적용하려는 시도가 이루어지고 있어 고무적이다. 수성시의 경우, 첨단과학기술단지를 만들어 입주 기업들이 자신의 역량을 펼칠 수 있도록 하였다. 투자 예산 확대나 세금 감면 혜택 등을 통해 창의적 기업 활동의 길을 활짝 열어 준 것이다.
> ㉡ 이처럼 향후 여러 도시에서도 지역의 특수성을 고려한 새로운 모델이 계속해서 등장할 것이다. 따라서 각 지역의 여건에 맞추어 창의적인 기업 활동을 지원하기 위한 정책을 마련해야 한다.
> ㉢ 그 결과 기업들은 수성 지역 경제 활성화와 일자리 창출에 핵심적 역할을 하고 있다. 지역의 특수성을 고려한 수성시의 첨단과학기술단지는 새로운 경제 성장의 모델을 제시하였다.
>
> (　　) - (　　) - (　　)

2. 본문을 읽고 각 문단의 중심 내용을 한 문장으로 요약하십시오.

1문단	
2문단	
3문단	
4문단	

3. 이 글에서 중요한 어휘를 써 보십시오.

4. 위에 쓴 어휘를 사용해서 이 글의 중심 내용을 한 문장으로 요약해 보십시오.

표현을 연습해 봅시다.

1. **N적** '무엇의 성격을 가지는, 그것과 관계있는'의 의미를 나타냄

    예) 이 책은 비교적 잘 만들어졌다.
    이번 폭우는 전국적으로 피해를 가져다 줄 것으로 전망됩니다.

    ⇨ _____

    ⇨ _____

2. **A/V-기는 하지만[하나]** 앞 내용을 인정하면서 그것과 다르거나 반대되는 내용을 말함

    예) 이 제품은 품질이 좋기는 하지만 보증 기간은 짧다.
    날씨가 덥기는 하나 습도가 낮아 많이 힘들지는 않다.

     N(이)기는 하지만[하나]

    예) 내 동생은 아이이기는 하지만 생각이 무척 어른스럽다.
    그는 아직 신인이기는 하나 미래가 기대되는 좋은 작가이다.

    ⇨ _____

    ⇨ _____

3. V-(으)ㄹ 필요가 있다/없다 무엇을 해야 하거나 하지 않아도 됨

   예 요즘 몸이 약해져서 운동할 필요가 있다.
   서류는 내일까지 내야 할 필요가 없으니 다음 주에 제출하세요.

⇨ _____

⇨ _____

memo.

생각을 나눠 봅시다.

친구들과 함께 아래의 질문에 대해 이야기해 보십시오.

1. 무엇을 모방해서 더 좋은 결과가 나타난 경우에 대해서 이야기해 보십시오.

2. 무엇을 모방했는데 나쁜 결과가 나타난 경우에 대해서 이야기해 보십시오.

3. 여러분은 무엇을 모방해 보고 싶습니까? 왜 그렇습니까?

4. 모방을 할 때 주의해야 할 점은 무엇입니까?

개요를 짜 봅시다.

1. '창의적 모방'과 관련한 사례 찾아보기

예

2. '창의적 모방'에 대한 마인드맵

3. 개요

처음	모방의 의미
가운데	창의적 모방의 사례
	창의적 모방의 장점
	창의적 모방을 할 때 주의할 점, 창의적 모방의 기대 효과, …
마무리	주제 요약하기, 주제문 쓰기

개요에 따라 써 봅시다.

- A/V-(으)면서 - N이/가 되었다
- N의 경우/A-(으)ㄴ 경우/V-는 경우 ~ N이다/A/V-다
- N은/는 A-(으)ㄴ/V-는/N인 것이다
- 그 결과 ~ V-고 있다/V-게 되었다
- A/V-(으)ㄹ 필요가 있다

원고지에 써 봅시다.

제출일:_____ 학번:_____ 이름:_____

5과 – 창의적 사고

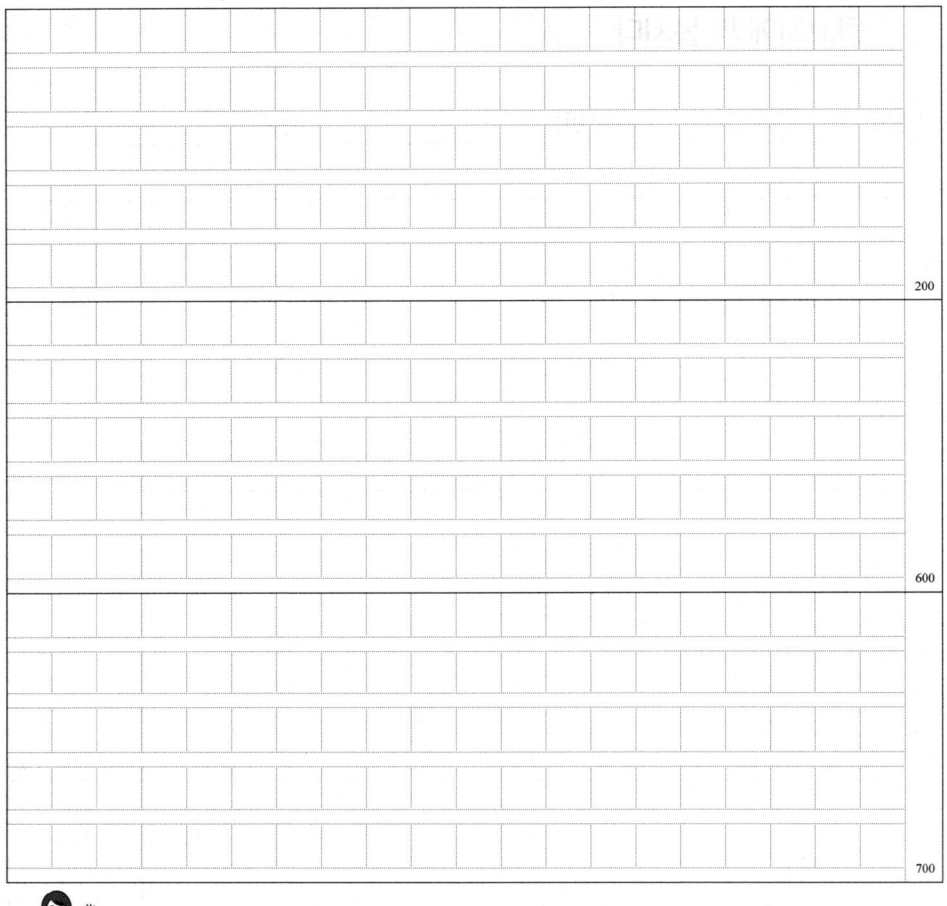

이렇게 써 보세요.

6과 기부의 가치

> 💡 **생각해 봅시다.**

📌 '십시일반(十匙一飯)'이라는 말이 있습니다. 열 사람이 밥을 한 숟가락씩 보태면 한 사람이 먹을 양이 된다는 뜻으로, 여러 사람이 조금씩 힘을 합하면 한 사람을 도울 수 있다는 의미입니다. 여러분은 '십시일반'을 해 본 적이 있습니까?

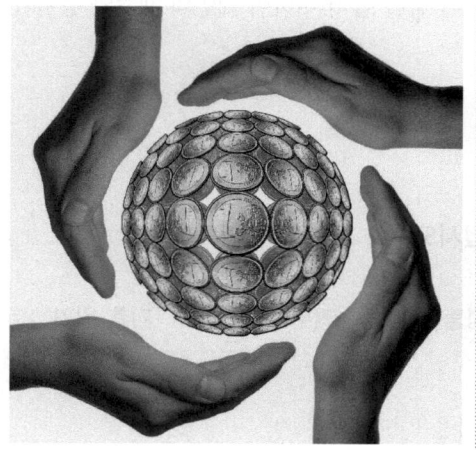

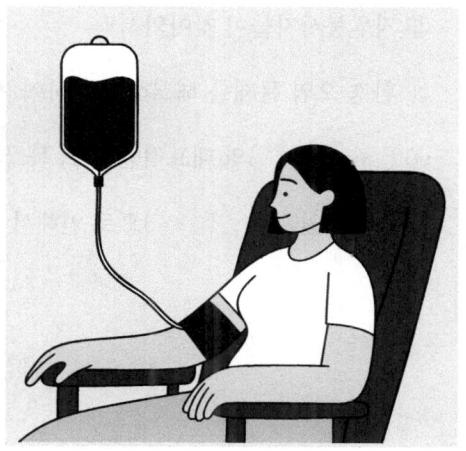

어휘를 공부해 봅시다.

1. 아래의 어휘와 의미를 알맞게 연결하십시오.

① 기부 •　　　　　　• ㉮ 노력이나 희생으로 얻는 결과

② 대가 •　　　　　　• ㉯ 가진 것 또는 차지하고 있던 것을 내줌

③ 내놓다 •　　　　　• ㉰ 공적인 일이나 남을 돕기 위하여 돈이나 물건을 나눔

④ 봉사 활동 •　　　　• ㉱ 이익을 생각하지 않고 남을 위하여 애쓰는 모든 활동

⑤ 재능 기부 •　　　　• ㉲ 공적인 일이나 남을 돕기 위하여 개인의 재주와 능력을 나눔

2. 빈칸에 들어갈 어휘를 골라 알맞게 쓰십시오.

대가	내놓다	불평등	기부하다	기후 위기

① 작년에 고향의 후배들을 위해서 장학금을 (　　　　).

② 자원봉사자들이 찾아와서 (　　　　) 없이 봉사활동을 하였다.

③ 환경 오염 문제를 해결하기 위하여 지난달에 기부금을 (　　　　).

④ (　　　　)의 대표적인 예로 북극의 얼음이 녹는 것을 들 수 있다.

⑤ 경제적인 (　　　　)으로 인해서 어느 국가에나 부자와 가난한 사람이 있다.

자세히 읽어 봅시다.

📌 다음 글을 읽고, 아래의 질문에 대답하십시오.

기부는 자선 사업이나 공공사업을 돕기 위해서 돈이나 물건을 대가 없이 내놓는 것이다. 보통 기후 위기와 환경 오염 문제 또는 교육 불평등과 경제적인 불평등 문제를 해결하기 위하여 기부를 한다. 　기부라고 하면 사람들은 흔히 돈을 생각하는 경우가 많다. 하지만 생각보다 다양한 방법으로 기부를 할 수 있다. 물론 돈을 기부하는 것은 가장 ㉠ 많이 알려진 방법이다. 그렇지만 돈을 기부하는 대신에 책이나 옷, 컴퓨터와 같은 물건을 나누는 것도 기부이며, 청소나 빨래 등의 봉사 활동을 하는 것도 기부에 해당한다. 그리고 재능을 기부할 수도 있다. 예를 들면 유학생이 자기 나라의 언어를 한국 사람이나 다른 나라에서 온 유학생에게 무료로 가르쳐 주는 재능 기부도 기부의 한 방법이다. 　기부를 하는 데에 금액은 중요하지 않다. 중요한 것은 (㉡)처럼 돈과 물건들 그리고 재능이 한곳에 모여 사회가 더욱 살기 좋은 환경으로 변화한다는 사실이다.	☐ 기부 ☐ -기 위해서 ☐ 대가 ☐ 내놓다 ☐ 보통 ☐ 기후 위기 ☐ (이)라든지 ☐ 불평등 ☐ 흔히 ☐ 대신에 ☐ 봉사 활동 ☐ 재능 ☐ 무료 ☐ 재능 기부 ☐ 금액 ☐ 변화하다

1. 이 글의 내용과 같은 것을 고르십시오. (　　　)

① 기부를 하는 방법은 생각보다 다양하다.
② 기부를 하려면 반드시 큰돈을 내놓아야 한다.
③ 돈을 기부하면 환경 오염 문제를 해결할 수 있다.
④ 유학생은 돈을 받지 않고 언어를 가르쳐 주어야 한다.

2. ㉠과 비슷한 의미로 알맞은 것을 고르십시오. (   )

① 편히 알려진   ② 흔히 알려진   ③ 멀리 알려진   ④ 빨리 알려진

3. (㉡)에 들어갈 내용으로 알맞은 것을 고르십시오. (   )

① 과유불급   ② 설상가상   ③ 우유부단   ④ 십시일반

4. 이 글의 주제로 가장 알맞은 것을 고르십시오. (   )

① 기부는 긍정적인 사회 변화에 기여하고 있다.
② 사회 발전을 위해서 부자들의 기부가 중요하다.
③ 물건을 버리지 말고 기부하는 제도를 만들어야 한다.
④ 환경 오염 문제를 해결하기 위해서 봉사 활동을 해야 한다.

과유불급	
설상가상	
십시일반	
우유부단	

다시 읽어 봅시다.

1. 다음을 읽고 순서에 맞게 문장을 다시 배열하십시오.

기부라고 하면 사람들은 바로 돈을 생각하는 경우가 많다.

㉠ 그리고 재능을 기부하는 방법도 있다.
㉡ 돈 대신 책이나 옷, 컴퓨터와 같은 물건을 나누는 것도 기부이며, 청소나 빨래 등의 봉사활동을 하는 것도 기부에 해당한다.
㉢ 그렇지만 생각보다 다양한 방법으로 기부를 할 수 있다.

(   ) - (   ) - (   )

2. 본문을 읽고 중심 내용을 한 문장으로 요약하십시오.

1문단	
2문단	
3문단	

3. 이 글에서 중요한 어휘를 써 보십시오.

4. 위에 쓴 어휘를 사용해서 이 글의 중심 내용을 한 문장으로 요약해 보십시오.

memo.

표현을 연습해 봅시다.

1. **V-기 위해(서)** 어떤 일을 하는 목적인 의도를 나타냄

    예) 한국어를 배우기 위해 한국에 왔습니다.
    건강하게 살기 위해서 꾸준히 운동을 하고 있다.

    ⇨ _____

    ⇨ _____

2. **V-는 대신(에)** 앞의 내용과 비슷한 것으로 바꿈

    예) 자주 만나지 못하는 대신 전화를 자주 한다.
    필요한 물건을 직접 사러 가는 대신에 인터넷으로 주문한다.

    ⇨ _____

    ⇨ _____

3. **N에 해당하다** 어떤 범위나 조건에 맞음

    예) 한 달 치 임금에 해당하는 돈을 기부했다.
    2022년에는 35%에 해당하는 사람들이 1인 가구라고 응답하였다.

    ⇨ _____

    ⇨ _____

생각을 나눠 봅시다.

친구들과 함께 아래의 질문에 대해 이야기를 해 보십시오.

1. 기부에 대한 뉴스를 들은 적이 있으면 소개해 주십시오.

2. 여러분은 기부를 해 본 적이 있습니까?
   언제, 누구 또는 무엇을 위해서, 어떤 기부를 했습니까?

3. 여러분은 어떤 방법으로 기부를 하고 싶습니까?

4. '기부를 하는 방법'에 대해 간단하게 써 보십시오.

📖 **개요를 짜 봅시다.**

1. '기부'에 대한 마인드맵

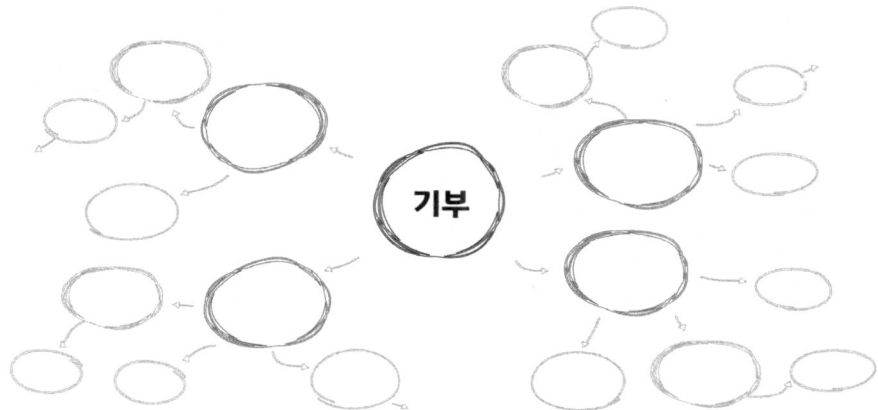

2. 개요

처음	기부의 정의
가운데	기부를 하는 방법 1
	기부를 하는 방법 2
마무리	기부의 가치(의미) - 사회적인 기여 - 개인적인 성취감

개요에 따라 써 봅시다.

- N은/는 N이다
- V-기 위해(서)
- V-는 대신(에)
- N에 해당하다

원고지에 써 봅시다.

제출일: _____ 학번: _____ 이름: _____

이렇게 써 보세요.

7과 행복의 조건

생각해 봅시다.

📌 행복에도 조건이 필요할까요? 행복하게 살기 위해서 중요한 것은 무엇일까요?

📖 어휘를 공부해 봅시다.

1. 아래의 어휘와 의미를 알맞게 연결하십시오.

① 안정 •　　　　• ㉮ 근심이나 걱정 없이 편안하고 즐거움

② 여유 •　　　　• ㉯ 인간 생활의 기본 요소인 옷과 음식과 집

③ 여기다 •　　　　• ㉰ 변하거나 흔들리지 않고 일정한 상태를 유지함

④ 의식주 •　　　　• ㉱ 마음속으로 어떤 대상을 무엇으로, 어떻게 생각함

⑤ 안락하다 •　　　　• ㉲ 시간이나 공간, 돈 등이 넉넉하여 남음이 있는 상태

2. 빈칸에 들어갈 어휘를 골라 알맞게 쓰십시오.

가끔	여유	여기다	의식주	안락하다

① 컴퓨터가 오래되어서 (　　　) 작동되지 않을 때가 있다.

② 이번 여행은 여유 있고 (　　　) 곳으로 다녀오고 싶다.

③ 부모님께 받은 선물은 작은 것이라도 소중하게 (　　　) 있다.

④ 만약 내가 (　　　)가 있다면 가난한 노인들을 위해서 기부를 하고 싶다.

⑤ 국민들이 (　　　)를 위해 노력하지 않아도 최소한의 생활을 보장해 주어야 한다.

🔍 자세히 읽어 봅시다.

📌 다음 글을 읽고, 아래의 질문에 대답하십시오.

사람들은 일반적으로 돈이 많으면 행복할 것이라고 생각한다. 하지만 반드시 그러한 것은 아니다. 부자라고 해서 무조건 삶에 대한 만족도가 높은 것은 아니다. 왜냐하면 경제적 여유가 정신적 안정과 만족을 가져오는 것은 아니기 때문이다. 물론 행복해지려면 어느 정도의 경제적인 여유가 필요하다. 사람에게 필수적인 의식주가 해결되지 않는다면 행복을 기대하기 어렵다. 배고픈 예술가가 행복할 것이라고 여기는 사람은 (㉠) 없을 것이다. 그렇다고 해서 배만 부른 부자가 되기를 원하는 사람도 없다. 결국 행복이란 안락한 생활과 스스로 만족하는 삶에서 느낄 수 있는 것이다. 행복해지기 위해서 우리 자신이 스스로 행복하다고 느낄 수 있는 환경에서 생활해야 한다. 자신이 언제 행복한지 그리고 무슨 일에서 행복을 느끼는지 알아야 한다. 다시 말해서 약간의 여유가 ㉡ 생길 경우 그 여유를 언제, 누구와, 무엇을 하면서 쓸 것인가에 대해서 가끔은 생각하면서 사는 것이 중요하다.	☐ 일반적 ☐ 무조건 ☐ 만족도 ☐ 여유 ☐ 안정 ☐ 필수적 ☐ 의식주 ☐ 기대하다 ☐ 여기다 ☐ 안락하다 ☐ 환경 ☐ 약간 ☐ 가끔

1. 이 글의 내용과 같은 것을 고르십시오. (   )

① 돈이 많은 사람이 가장 행복하다.
② 모든 사람은 부자가 되기를 원한다.
③ 스스로 만족하는 삶에서 행복을 느낀다.
④ 경제적인 여유만 있으면 행복할 수 있다.

2. (㉠)에 들어갈 내용으로 알맞은 것을 고르십시오. (   )

　① 다만　　　　　　　　　② 별로
　③ 과연　　　　　　　　　④ 비록

3. ㉡과 비슷한 의미로 알맞은 것을 고르십시오. (   )

　① 생겨야　　② 생긴다고　　③ 생긴다면　　④ 생기도록

4. 이 글의 주제를 고르십시오. (   )

　① 돈을 아껴 쓰도록 노력해야 한다.
　② 행복해지기 위해서 의식주를 해결해야 한다.
　③ 예술가를 위해 안락한 생활을 제공해야 한다.
　④ 어떤 상황에서 행복을 느끼는지를 알아야 한다.

다시 읽어 봅시다.

1. 다음을 읽고 순서에 맞게 문장을 다시 배열하십시오.

사람들은 일반적으로 돈이 많으면 행복할 것이라고 생각한다.

㉠ 왜냐하면 경제적 여유가 정신적 안정과 만족을 가져오는 것은 아니기 때문이다.

㉡ 따라서 행복해지려면 어느 정도의 안락한 생활과 스스로의 만족도가 중요하다.

㉢ 하지만 부자라고 해서 무조건 삶에 대한 만족도가 높은 것은 아니다.

(   ) - (   ) - (   )

2. 본문을 읽고 중심 내용을 한 문장으로 요약하십시오.

1문단	
2문단	
3문단	

3. 이 글에서 중요한 어휘를 써 보십시오.

4. 위에 쓴 어휘를 사용해서 이 글의 중심 내용을 한 문장으로 요약해 보십시오.

memo.

📖 표현을 연습해 봅시다.

1. **N(이)라고 해서 ~ (모두) A/V-는/은/ㄴ 것은 아니다**
   앞 내용은 일반적으로 알고 있는 사실이지만 모두 그런 것은 아님
   - 예) 가수라고 해서 춤을 잘 추는 것은 아니다.
     한국 사람이라고 해서 모두 김치를 좋아하는 것은 아니다.

   ⇨ _____

   ⇨ _____

2. **V-(으)려면** 앞 내용을 할 의도가 있을 때 뒤 문장이 조건이 됨
   - 예) 건강을 유지하려면 담배를 끊어야 한다.
     운동을 하다가 다치지 않으려면 준비 운동을 충분히 해야 된다.

   ⇨ _____

   ⇨ _____

3. **A/V-기 위해(서)** 앞의 내용은 뒤의 내용에 목적이 됨
   📖 A/V-기 위하여
   - 예) 책을 빌리기 위해서 도서관에 갔다.
     집을 사기 위해 오랫동안 저축을 하고 있다.
     발표를 잘하기 위하여 일주일 동안 집에서 연습했다.

   ⇨ _____

   ⇨ _____

생각을 나눠 봅시다.

📌 친구들과 함께 아래의 질문에 대해 이야기를 해 보십시오.

1. 여러분이 생각하는 행복한 삶은 어떤 것입니까? 왜 그렇게 생각합니까?

2. 여러분은 언제, 누구와, 무엇을 할 때 행복합니까?

3. 여러분은 행복하게 살기 위해서 어떤 노력을 합니까?

4. 사람들이 삶의 만족도를 높이려면 무엇을 먼저 해야 합니까?

개요를 짜 봅시다.

1. '행복한 삶'에 대한 마인드맵

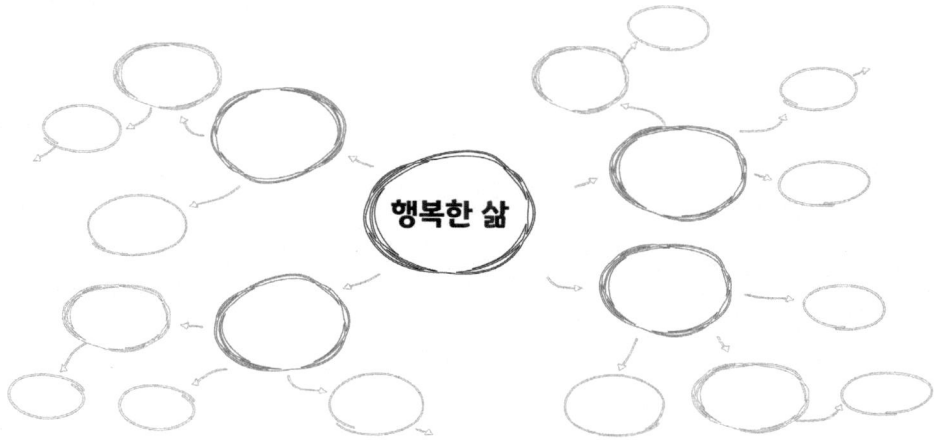

2. 개요

처음	사람들이 생각하는 행복한 삶
가운데	행복한 삶의 다양한 조건
	자신이 생각하는 행복한 삶과 그 이유
마무리	사람들의 행복 만족도를 높이기 위해 필요한 노력

개요에 따라 써 봅시다.

- N(이)라고 해서 ~ A/V-(으)ㄴ/는 것은 아니다
- V-(으)려면
- A/V-기 위해서(는)

원고지에 써 봅시다.

제출일: _____ 학번: _____ 이름: _____

7과 – 행복의 조건

이렇게 써 보세요.

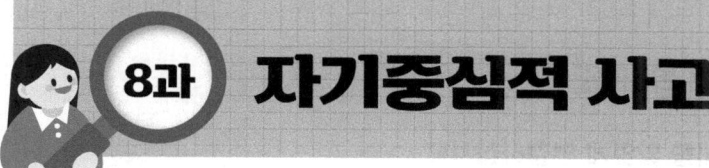

8과 자기중심적 사고

생각해 봅시다.

📌 다음 그림에서 무엇이 보이는지 이야기해 봅시다.

여러분은 친구와 같은 것을 보고 다르게 생각한 적이 있습니까?
그런 경험이 있다면 그 경험에 대해 말해 봅시다.

어휘를 공부해 봅시다.

1. 아래의 어휘와 의미를 알맞게 연결하십시오.

① 공감하다 •   • ㉮ 서로 비슷한 성질

② 발견하다 •   • ㉯ 어떤 것의 한가운데

③ 유사성 •   • ㉰ 어떤 일을 다른 일에 비추어 나타냄

④ 중심 •   • ㉱ 세상에 알려지지 않은 것을 처음으로 찾아냄

⑤ 투영하다 •   • ㉲ 다른 사람의 마음, 생각에 대해 자신도 그렇다고 느낌

2. 빈칸에 들어갈 어휘를 골라 알맞게 쓰십시오.

인정하다	가치	자신감	목표	성향

① 나는 나와 다른 (   )을 가진 사람들과도 잘 어울린다.

② 이번 학기에는 장학금을 (   )로 열심히 공부할 것이다.

③ 친구는 지난번 있었던 일에 대해 자신의 잘못을 (   ).

④ 이 그림은 세상에 하나밖에 없어서 역사적 (   )가 매우 높다.

⑤ 면접을 볼 때는 큰 목소리로 (   ) 있게 대답하는 것이 좋다.

자세히 읽어 봅시다.

📌 다음 글을 읽고, 아래의 질문에 대답하십시오.

인간은 자기 자신을 중심으로 세상을 바라보는 경향이 있다. 연인과 헤어진 뒤에 듣는 노래 가사를 자신의 이야기인 양 생각하거나 머리 모양이 마음에 안 드는 날은 다른 사람들이 자신의 머리만 쳐다보는 것처럼 느끼기도 한다.

또한 고등학생들은 이 세상에 자신들만 살고 있다는 듯한 행동을 하며, 아이를 임신한 사람들은 길거리에서 유난히 임신부만 ㉠ 눈에 들어온다. 이러한 경향은 우리가 세상의 많은 사건들에 자신을 투영해 유사성을 발견하고 이에 공감하며 살아가는 것과 관련이 있다.

자기 자신을 중심으로 생각하는 것은 자신의 가치를 인정하고 자신감을 얻을 수 있다. 또한 자기 자신을 중심으로 생각하는 것은 자신의 목표를 달성하기 위한 동기를 부여할 수 있다.

그러나 이러한 성향이 지나치게 강해지면 문제가 될 수 있다. 자기 자신만 생각하다 보면 다른 사람들의 입장을 고려하지 않게 되고, 이로 인해 대인관계에서 문제가 생길 수 있기 때문이다. 따라서 자기 자신을 생각하되, 이것이 지나치게 강해지지 않도록 주의해야 한다.

☐ 중심
☐ 연인
☐ 헤어지다
☐ 가사
☐ 모양
☐ 임신하다
☐ 유난히
☐ 임신부
☐ 경향
☐ 투영하다
☐ 유사성
☐ 발견하다
☐ 공감하다
☐ 가치
☐ 인정하다
☐ 자신감
☐ 목표
☐ 동기 부여
☐ 성향
☐ 입장
☐ 대인관계

1. 이 글의 내용과 같은 것을 고르십시오. (   )

   ① 머리 모양이 마음에 안 들면 거울만 보게 된다.
   ② 임신부들의 눈에는 아이들의 모습이 잘 들어온다.
   ③ 고등학생들은 다른 사람들을 잘 배려하는 행동을 한다.
   ④ 자기중심적 사고는 자신의 가치를 인정하는 데 도움이 된다.

2. ㉠과 비슷한 의미로 알맞은 것을 고르십시오. (   )

   ① 보인다   ② 들린다   ③ 생각한다   ④ 마음에 든다

3. 이 글에 나타난 필자의 의도로 알맞지 않은 것을 고르십시오. (   )

   ① 인간은 자신을 바탕으로 유사성을 찾고 공감한다.
   ② 자기 자신을 중심으로 생각하는 것은 이기적인 생각이다.
   ③ 자기 자신을 지나치게 생각하면 대인관계에 문제가 된다.
   ④ 자신 위주로 생각하는 것은 목표를 이루는 데 도움이 된다.

4. 이 글의 주제를 고르십시오.

   ① 인간은 자기중심적으로 세상을 보는 경향이 있다.
   ② 자기중심적 사고는 자신감을 주고 목표를 달성하게 한다.
   ③ 자기중심적 사고는 자신과 세상의 공통점을 발견하게 한다.
   ④ 자기중심적 사고가 강하면 대인관계에 문제가 되므로 주의해야 한다.

다시 읽어 봅시다.

1. 다음을 읽고 순서에 맞게 문장을 다시 배열하십시오.

> 자기 자신을 중심으로 생각하는 것은 자신의 가치를 인정하고 자신감을 얻을 수 있다.
>
> ㉠ 자기 자신만 생각하다 보면 다른 사람들의 입장을 고려하지 않게 되고, 이로 인해 대인관계에서 문제가 생길 수 있기 때문이다.
> ㉡ 그러나 이러한 성향이 지나치게 강해지면 문제가 될 수 있다.
> ㉢ 또한 자기 자신을 중심으로 생각하는 것은 자신의 목표를 달성하기 위한 동기를 부여할 수 있다.
>
> (　　) - (　　) - (　　)

2. 본문을 읽고 각 문단의 중심 내용을 한 문장으로 요약하십시오.

1문단	
2문단	
3문단	
4문단	

3. 이 글에서 중요한 어휘를 써 보십시오.

4. 위에 쓴 어휘를 사용해서 이 글의 중심 내용을 한 문장으로 요약해 보십시오.

memo.

📖 표현을 연습해 봅시다.

1. **A-(으)ㄴ/ V-는 양** 어떤 상태에 있거나 어떤 행동을 하는 것 같음

    예) 괜찮은 양 웃는다.

    아픈 양 얼굴을 찡그린다.

    중요한 일이라도 하는 양 책상에 앉아 있다.

    🔖 V-(으)ㄹ 양: 의향이나 의도를 나타냄, 주로 '–을 양으로, –을 양이면' 사용

    예) 잠 잘 양으로 이불 속에 들어 갔다.

    집에 갈 양이면 빨리 일을 끝내야지.

    ⇨ _____

    ⇨ _____

2. **A-(으)ㄴ/ V-는 듯하다** 앞의 내용을 추측함

    예) 얼굴을 보니 아직도 화가 난 듯하다.

    햇볕이 뜨거워서 피부가 타는 듯하다.

    🔖 A/ V-(으)ㄹ 듯하다

    예) 친구가 이 책을 좋아할 듯하다.

    세일 기간이라 인기 있는 물건은 없을 듯하다.

    ⇨ _____

    ⇨ _____

3. **N처럼** 모양, 정도가 서로 비슷하거나 같음
   예) 나도 언니처럼 키가 더 크면 좋겠다.
   실전처럼 연습해 보면 도움이 된다.

⇨ _____

⇨ _____

생각을 나눠 봅시다.

📌 친구들과 함께 아래의 질문에 대해 이야기를 해 보십시오.

1. 여러분의 성격은 어떻습니까? 외향적인 편입니까? 내향적인 편입니까?

2. 자신의 성격의 장점과 단점에 대해 말해 보십시오.

3. 친구들과 서로의 성격에 대해 이야기해 보십시오.
   나와 친구들은 어떤 공통점과 차이점이 있습니까?

📖 개요를 짜 봅시다.

1. '나'에 대한 마인드맵

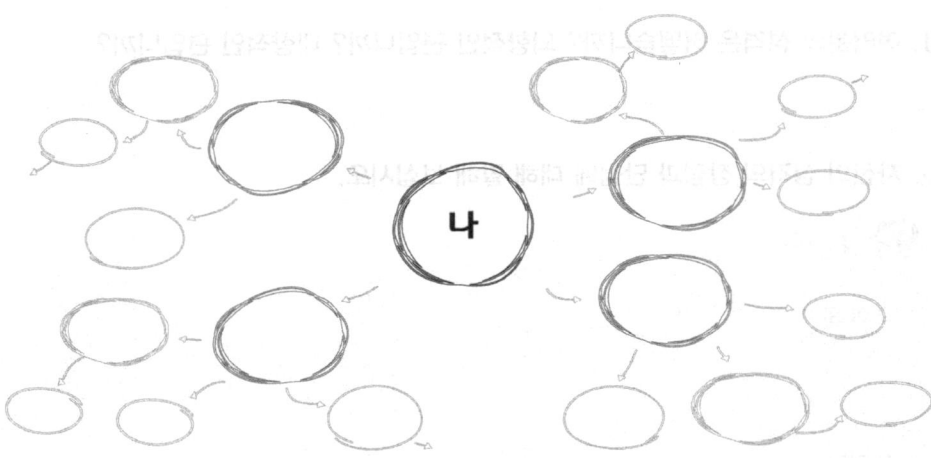

2. 개요

처음	'나'를 아는 것의 의미, 중요성
가운데	내 성격의 장점
	내 성격의 단점
	단점 극복 방안
마무리	주제 요약하기, 주제문 쓰기

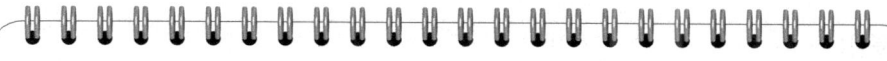 개요에 따라 써 봅시다.

- A-(으)ㄴ/V-는 양
- A-(으)ㄴ/ V-는 듯하다
- N처럼
- 이와 달리 S, 반면에 S

원고지에 써 봅시다.

제출일: _____ 학번: _____ 이름: _____

이렇게 써 보세요.

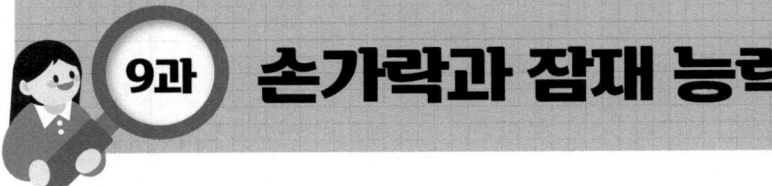

9과 손가락과 잠재 능력

생각해 봅시다.

다음은 손가락 길이와 뇌의 특성을 보여주는 테스트입니다. 여러분의 손가락 길이는 그림의 어떤 유형과 비슷한지 이야기해 보십시오.

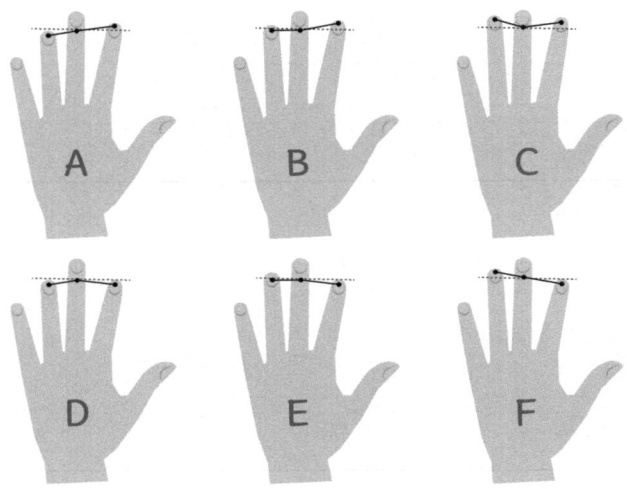

자신의 손가락 길이를 통해 어떤 유형의 뇌를 가졌는지 확인해 보십시오.

A. 자존	자존심이 높으며 움직이는 것을 좋아하지 않음. 주변 일에 관심을 보이지 않음.	B. 관리	상황 파악을 잘하고 중간 관리직을 잘 수행하는 편임. 자신을 타인과 비교하는 성향이 있음.
C. 리더	도전 정신이 강하고 결단력이 있음. 경쟁심, 자신감, 호기심이 강한 편임.	D. 안정	최고가 되기 보다는 사람들과 타협하기를 원함. 안정적인 성향임.
E. 친절	내성적이며, 겸손하고 친절함. 중립적, 안정적인 것을 추구함.	F. 개성	패션과 정리정돈 등 미적 감각이 높음. 꼼꼼하며 개성이 뚜렷함.

(https://blog.naver.com/boazauction/223834362858 참조)

어휘를 공부해 봅시다.

1. 아래의 어휘와 의미를 알맞게 연결하십시오.

① 기억 •   • ㉮ 어떤 일을 할 수 있는 힘

② 능력 •   • ㉯ 겉으로 드러나지 않고 속에 숨어 있음

③ 어휘 •   • ㉰ 이전의 모습, 사실, 경험 등을 다시 생각해 냄

④ 잠재 •   • ㉱ 일정한 범위 안에서 쓰이는 낱말(단어)의 수 또는 낱말의 전체

⑤ 장치 •   • ㉲ 목적에 따라 일을 해내도록 기계, 도구를 설치, 또는 그 기계, 도구

2. 빈칸에 들어갈 어휘를 골라 알맞게 쓰십시오.

생동감	손동작	단순하다	밀접하다	보조하다

① 정신력과 체력은 아주 (   ).

② 이 영화의 줄거리는 아주 (   ).

③ 기계는 인간의 작업을 (   )는 역할을 한다.

④ 마을에 아이들이 늘어나니 (   )이 느껴진다.

⑤ 어릴 적 어머니는 (   )도 하시면서 동화를 읽어 주셨다.

자세히 읽어 봅시다.

📍 다음 글을 읽고, 아래의 질문에 대답하십시오.

  손가락 길이와 두뇌 구조, 잠재 능력 등의 관계에 대해 생각해 본 적이 있는가? 최근 발표된 손가락 길이와 잠재 능력에 관한 연구 결과가 아주 흥미롭다. 이 연구에서는 두 번째 손가락이 긴 사람은 언어 능력이 뛰어나고, 네 번째 손가락이 긴 사람은 수학 능력이 뛰어나다는 것이 밝혀졌다.
  손가락과 잠재 능력에 관한 연구 중, 특히 언어 능력과 관련하여 손가락에 대한 연구가 많이 진행되어 왔으며 연구 결과, 손가락과 언어 능력은 밀접한 관련성이 있는 것으로 알려졌다. 손가락을 움직이는 동작은 단순한 행동에 불과한 것이 아니라 어휘 기억 장치의 문을 여는 열쇠와 같은 역할을 한다. 예를 들어 손가락이 불편한 사람들은 평소보다 필요한 단어를 떠올리는 시간이 길어진다. 손동작은 말을 보조하는 역할을 하기 때문에 말을 잘하는 데 도움이 된다.
  따라서 말을 할 때 (㉠) 말하고자 하는 바를 효과적으로 전달할 수 있다. 손동작은 말을 더욱 생동감 있게 만들어 주며, 상대방에게 더욱 명확하게 전달할 수 있도록 도와준다. 말을 잘하기 위해서 손동작을 많이 사용하라고 조언하는 것도 이런 이유 때문이다.

☐ 두뇌
☐ 구조
☐ 성별
☐ 잠재
☐ 능력
☐ 언어
☐ 수학
☐ 밀접하다
☐ 관련성
☐ 단순하다
☐ 어휘
☐ 기억
☐ 장치
☐ 열쇠
☐ 보조하다
☐ 손동작
☐ 생동감
☐ 명확하다
☐ 전달하다
☐ 조언하다

1. 이 글의 내용과 같은 것을 고르십시오. (   )

   ① 손가락과 잠재 능력 간에는 관련성이 없다.
   ② 손가락과 언어 능력 간에는 밀접한 관련이 있다.
   ③ 대화할 때 손동작을 사용하면 내용 파악이 어렵다.
   ④ 네 번째 손가락이 긴 사람은 대화 능력이 뛰어나다.

2. 이 글을 쓴 목적으로 알맞은 것을 고르십시오. (   )

   ① 손가락 길이와 수학 능력의 관련성을 입증하려고
   ② 손가락 길이와 잠재 능력의 관련성을 입증하려고
   ③ 손가락 길이와 언어 능력의 관련성을 알리기 위해
   ④ 손가락과 신체 능력의 관련성을 알리기 위해

3. (㉠)에 들어갈 내용으로 알맞은 것을 고르십시오. (   )

   ① 손가락을 누르면
   ② 손가락을 마주 잡으면
   ③ 손동작을 함께 사용하면
   ④ 손동작을 사용하지 않으면

4. 이 글의 주제를 고르십시오. (   )

   ① 손동작은 단순한 행동에 불과하다.
   ② 손가락과 잠재 능력 간의 연구가 많다.
   ③ 손가락 길이가 길면 말을 잘하는 데 도움이 된다.
   ④ 말을 할 때 손동작을 사용하면 의미를 잘 전달할 수 있다.

다시 읽어 봅시다.

1. 다음을 읽고 순서에 맞게 문장을 다시 배열하십시오.

> 손가락을 움직이는 동작은 단순한 행동에 불과한 것이 아니라 어휘 기억 장치의 문을 여는 열쇠와 같은 역할을 한다.
>
> ㉠ 손동작은 말을 보조하는 역할을 하기 때문에 말을 잘하는 데 도움이 된다.
> ㉡ 예를 들어 손가락이 불편한 사람들은 평소보다 필요한 단어를 떠올리는 시간이 길어진다.
> ㉢ 따라서 말을 할 때 손동작을 함께 사용하면 효과적이다.
>
> (　　) - (　　) - (　　)

2. 본문을 읽고 각 문단의 중심 내용을 한 문장으로 요약하십시오.

1문단	
2문단	
3문단	

3. 이 글에서 중요한 어휘를 써 보십시오.

4. 위에 쓴 어휘를 사용해서 이 글의 중심 내용을 한 문장으로 요약해 보십시오.

memo.

📖 표현을 연습해 봅시다.

1. `V-는 것이 밝혀지다(알려지다)` 앞의 내용이 드러남

   `N1이/가 N2(으)로 밝혀지다(알려지다)`

   예) 그 뉴스는 거짓이라는 것이 밝혀졌다.
   1,000년 전에 만들어진 작품으로 알려졌다.

   ⇨ _____

   ⇨ _____

2. `N에 불과하다` 어떤 수량, 수준에 지나지 않음

   예) 지원자가 1명에 불과하다.
   이번 시험의 합격률은 10%에 불과했다.

   ⇨ _____

   ⇨ _____

3. `V-ㄴ/는 바` 앞에서 말한 내용 그 자체나 일 등을 나타냄

   예) 이 작품에 대해 연구된 바가 없다.
   회의에 참석하지 않아서 아는 바가 없다.

   ⇨ _____

   ⇨ _____

생각을 나눠 봅시다.

📌 친구들과 함께 아래의 질문에 대해 이야기를 해 보십시오.

1. 여러분은 말을 잘하는 사람입니까? 말을 잘하지 못하는 사람입니까?

2. 왜 그렇게 생각합니까?

3. 여러분은 말을 잘하기 위해서 어떤 노력을 합니까?

4. 말을 잘하기 위한 방법에 대해 친구들과 이야기하고 써 보십시오.

📖 개요를 짜 봅시다.

1. '말을 잘하는 방법'에 대한 마인드맵

2. 개요

처음	말을 잘하는 사람의 예
가운데	말을 잘하는 것의 의미
	말을 잘하지 못했을 때의 문제점, 말을 잘하지 못하는 이유
	말을 잘하기 위한 방법
마무리	주제 요약하기, 주제문 쓰기

개요에 따라 써 봅시다.

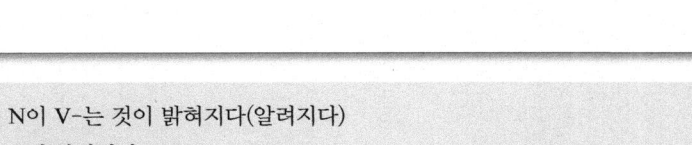

- N이 V-는 것이 밝혀지다(알려지다)
- N에 불과하다
- V-는 바
- A-아/어지다, V-게 되다
- (왜냐하면) A/V-기 때문이다.

원고지에 써 봅시다.

제출일:＿＿＿＿＿＿＿ 학번:＿＿＿＿＿＿＿ 이름:＿＿＿＿＿＿＿

이렇게 써 보세요.

10과 현대인의 질병

💡 생각해 봅시다.

📌 다음 그림을 보고 생각나는 것을 자유롭게 써 보십시오.

 →

📖 어휘를 공부해 봅시다.

1. 아래의 어휘와 의미를 알맞게 연결하십시오.

① 보조 •　　　　　• ㉮ 잠이 깊이 듦

② 부작용 •　　　　• ㉯ 부족한 것을 도움

③ 불면증 •　　　　• ㉰ 어렵거나 곤란한 일을 해결하는 방법

④ 숙면 •　　　　　• ㉱ 밤에 잠을 자지 못하는 상태가 오래 계속됨

⑤ 해법 •　　　　　• ㉲ 어떤 일을 했을 때 기대하지 않은 안 좋은 것이 나타남

2. 빈칸에 들어갈 어휘를 골라 알맞게 쓰십시오.

현대인	등장하다	시달리다	의지하다	소화가 (잘/안) 되다

① (　　　)들은 인터넷의 발달로 정보를 빠르게 얻을 수 있게 되었다.

② 나는 매일 저녁을 먹고 (　　　　)도록 30분 정도 걷는다.

③ 유학을 온 친구들끼리 서로 (　　　)면서 유학 생활을 하고 있다.

④ 강연을 시작하기 위해 사회자가 무대 위에 (　　　)자마자 객석이 조용해졌다.

⑤ 나는 까다로운 상사에게 (　　　) 나머지 결국 사표를 내고 회사를 그만두었다.

자세히 읽어 봅시다.

다음 글을 읽고, 아래의 질문에 대답하십시오.

현대인들은 과거에는 없었던 다양한 질병을 경험하고 있다. 컴퓨터, 스마트폰 등의 전자 기기 사용이 많아지면서 눈 건강이 나빠지는 경우가 늘고 있다. 또한 바쁜 현대인의 생활에 맞게 간단하게 먹을 수 있는 라면과 같은 인스턴트식품이 다양하게 등장하면서 소화가 잘 안 되거나 살이 찌는 등의 부작용이 생기기도 한다. 그뿐만 아니라 24시간 편의점이나 식당과 같이 밤늦게 활동할 수 있는 사회적 분위기, 바쁜 업무 등으로 잠을 잘 못 자는 사람도 늘고 있다.

이러한 이유들로 건강이 나빠지면서 그것을 해결하려는 제품을 찾기도 하는데 최근에는 수면 산업이 빠른 성장세를 보이고 있다. 입욕제나 수면 안대 같은 숙면을 도와주는 제품들도 많이 나오고 있으며 불면증에 시달리는 사람들은 수면 보조 제품을 찾는 경우도 많다.

(㉠) 이런 제품들이 수면 장애의 진정한 해법이 될 수는 없다. 무작정 이런 제품을 사용하기보다는 수면 장애가 왜 생겼는지 그 원인을 먼저 생각해 봐야 한다. 그리고 그에 맞는 방법을 찾아 해결하려는 노력이 필요하다. 수면 장애는 심리적인 상태나 생활 습관 같은 여러 가지 요인에 의해 발생하기 때문이다. 따라서 ㉡ 문제의 근원을 모른 채 이런 제품에 의지하는 것은 장기적으로 봤을 때는 도움이 되지 않는다.

☐ 현대인
☐ 질병
☐ 전자 기기
☐ 인스턴트 식품
☐ 등장하다
☐ 소화가 되다
☐ 살이 찌다
☐ 부작용
☐ 업무
☐ 수면
☐ 산업
☐ 성장세
☐ 숙면
☐ 해법
☐ 불면증
☐ 시달리다
☐ 보조
☐ 요인
☐ 의지하다

1. 이 글의 내용과 같은 것을 고르십시오. (　　　)

   ① 수면 보조 용품은 심리적인 문제를 해결해 준다.
   ② 수면 산업의 시장 규모가 빠르게 확대되고 있다.
   ③ 수면 산업은 생활 습관을 바꾸는 것을 목적으로 한다.
   ④ 수면 보조 용품 사용은 장기적인 측면에서 효과가 있다.

2. (　㉠　)에 들어갈 말로 알맞은 것을 고르십시오. (　　　)

   ① 그리고　　　② 그런데　　　③ 따라서　　　④ 왜냐하면

3. ㉡의 밑줄 친 부분과 같은 의미를 고르십시오. (　　　)

   ① 꿈에 밟히지 않고　　　② 호흡이 맞지 않고
   ③ 뿌리를 뽑지 않고　　　④ 눈 하나 깜짝하지 않고

4. 이 글의 주제를 고르십시오. (　　　)

   ① 숙면을 돕는 보조용품이 다양해져야 한다.
   ② 수면 장애는 인간의 심리에 영향을 미친다.
   ③ 불면증 치료법 개발에 적극적으로 나서야 한다.
   ④ 수면 장애가 생긴 원인을 파악하는 것이 중요하다.

다시 읽어 봅시다.

1. 다음을 읽고 순서에 맞게 문장을 다시 배열하십시오.

현대인들은 과거에는 없었던 다양한 질병을 경험하고 있다.

㉠ 컴퓨터, 스마트폰 등의 전자 기기 사용이 많아지면서 눈 건강이 나빠지는 경우가 늘고 있다.

㉡ 또한 바쁜 현대인의 생활에 맞게 간편히 먹을 수 있는 라면과 같은 인스턴트 식품이 다양하게 등장하면서 소화가 잘 안 되거나 살이 찌는 등의 부작용이 생기기도 한다.

㉢ 그뿐만 아니라 24시간 편의점이나 식당과 같이 밤늦게 활동할 수 있는 사회적 분위기, 바쁜 업무 등으로 잠을 잘 못 자는 사람도 늘고 있다.

(   ) - (   ) - (   )

2. 본문을 읽고 각 문단의 중심 내용을 한 문장으로 요약하십시오.

1문단	
2문단	
3문단	

128 · 사고를 담아 한국어로 읽고 쓰기

3. 이 글에서 중요한 어휘를 써 보십시오.

4. 위에 쓴 어휘를 사용해서 이 글의 중심 내용을 한 문장으로 요약해 보십시오.

memo.

표현을 연습해 봅시다.

1. N와/과 달리[다르게] 앞 내용과 다른 내용이 뒤에 나옴

예) 나와 달리 언니는 키가 큰 편이다.
　　우리 고향과 다르게 한국은 사계절의 변화가 뚜렷하다.

⇨ _____

⇨ _____

2. 그뿐(만) 아니라 앞 문장의 내용에 다른 내용을 추가함

예) 우리 회사는 직원들이 자유롭게 아이디어를 낼 수 있다. 그뿐 아니라 직원 복지도 좋아서 다른 회사로 이직하는 경우가 거의 없다.
　　이 책은 내용이 좋아서 많은 학생들에게 인기가 많은데 그뿐만 아니라 책값의 일부를 어려운 학생들에게 장학금으로 준다고 한다.

⇨ _____

⇨ _____

3. V-는가?, A-(으)ㄴ가?, N인가? 쓰기에서 질문의 형식을 나타냄

예) 동식물의 멸종을 막기 위해 인간은 무엇을 해야 하는가?
　　한국 사회의 노인 정책, 이대로 좋은가?
　　내 인생의 주인공은 누구인가? 바로 나 자신이다.

⇨

⇨

⇨

memo.

생각을 나눠 봅시다.

친구들과 함께 아래의 질문에 대해 이야기를 해 보십시오.

1. 현대에 와서 새로 생긴 질병에 무엇이 있습니까?

2. 그 질병은 왜 생겼다고 생각합니까?

3. 그 질병을 없애기 위해서 어떻게 해야 합니까?

📖 개요를 짜 봅시다.

1. '현대인의 질병'에 대한 마인드맵

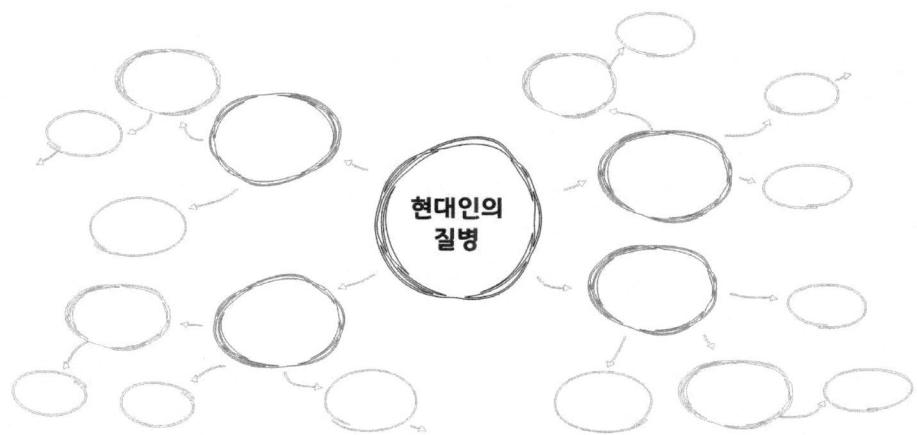

2. 개요

처음	현대에 새롭게 나타난 질병의 특성
가운데	그 질병이 생기게 된 이유
	그 질병이 생긴 후의 개인/사회의 모습
	그 질병을 없애기 위한 노력
마무리	주제 요약하기, 주제문 쓰기

개요에 따라 써 봅시다.

- A-아/어지다, V-게 되다
- N1와/과 달리 N2은/는
- 요즘[최근] N이/가 V-고 있다
- (왜냐하면) A/V/N(이)-기 때문이다

원고지에 써 봅시다.

제출일: _____ 학번: _____ 이름: _____

이렇게 써 보세요.

11과 청소년기의 중요성

생각해 봅시다.

📌 청소년기의 특징에는 어떤 것이 있습니까?

어휘를 공부해 봅시다.

1. 아래의 어휘와 의미를 알맞게 연결하십시오.

① 가치관 •   • ㉮ 앞으로 나아가야 할 길

② 과도기 •   • ㉯ 어떤 것의 변하지 않는 특성

③ 정체성 •   • ㉰ 좋지 않게 하거나 나쁘게 함

④ 진로   •   • ㉱ 한 상태에서 다른 상태로 변하는 기간

⑤ 해   •   • ㉲ 사람이 무엇의 가치에 대해서 가지는 태도나 판단의 기준

2. 빈칸에 들어갈 어휘를 골라 알맞게 쓰십시오.

| 돌발적 | 압박감 | 또래 | 해 | 혼란 |

① 시험 문제 중 정답이 두 개인 문제가 있어서 학생들이 (　　)에 빠졌다.

② 이 식품은 몸에 좋은 재료로만 만들어서 건강에 (　　)를 끼치지 않을 것입니다.

③ 지진과 같이 (　　)으로 일어나는 자연재해는 예측하기 어려워 피하기 어렵다.

④ 내일까지 이 일을 끝내야 한다는 (　　) 때문에 오히려 집중이 잘되지 않는다.

⑤ 수지는 성격이 어른스러워서 (　　) 친구들과 놀기보다 언니, 오빠들과 자주 논다.

자세히 읽어 봅시다.

다음 글을 읽고, 아래의 질문에 대답하십시오.

청소년기는 자아 정체성을 찾아가는 과도기이다. 따라서 인간의 생애에서 중요한 시기이다. 청소년기에 형성된 자아 정체성은 진로나 인간관계뿐 아니라 삶의 전 영역에 지속적인 영향을 미친다. 또한 이 시기는 청소년이 올바른 사회 구성원이 되기 위해 준비하는 시기이기도 하다.

그러나 청소년은 아직 자아가 형성되지 않았기 때문에 심리적으로 불안정해지기 쉽다. 특히 가치관의 혼란, 타인의 평가, 또래 집단 내의 압박감 등은 청소년들이 불안정함을 느끼게 되는 주된 요인이다. 또한 청소년은 기존의 제도에 저항하거나 자신을 억압하는 어른에 대해 강한 반항심을 보이기도 한다. 그뿐만 아니라 청소년은 아직 옳고 그름의 기준이 정립되지 않았기 때문에 ㉠ 주변 환경의 영향을 받기 쉽다. 이러한 특성으로 인하여 어떤 청소년은 일탈이나 돌발적인 행동을 하며 극단적인 경우 자신과 사회에 해를 끼치는 행동을 하기도 한다.

청소년이 건강하게 청소년기를 보내고 미래의 인재로 성장하도록 돕기 위해서는 가정과 사회의 다각적인 노력이 필요하다. 가정에서는 청소년의 저항과 반항을 성장의 과정으로 이해하고 청소년이 건강한 자아 정체성을 형성할 수 있도록 정서적으로 지원할 필요가 있다. 사회에서는 청소년 심리상담센터나 ㉡ 방황하는 청소년을 위한 위탁시설을 운영하는 등의 제도적 지원을 통해 청소년의 올바른 성장을 도울 수 있을 것이다.

☐ 자아
☐ 정체성
☐ 과도기
☐ 생애
☐ 진로
☐ 올바르다
☐ 형성되다
☐ 가치관
☐ 혼란
☐ 또래집단
☐ 압박감
☐ 주되다
☐ 요인
☐ 기존
☐ 저항하다
☐ 억압하다
☐ 반항심
☐ 정립되다
☐ 일탈
☐ 돌발적
☐ 극단적
☐ 해를 끼치다
☐ 다각적
☐ 정서적
☐ 방황하다
☐ 위탁시설
☐ 제도적

1. 이 글의 내용과 같은 것을 고르십시오. (   )

    ① 청소년기는 정체성을 완성하게 되는 중요한 시기이다.
    ② 청소년기는 주변의 영향을 쉽게 받지 않으며 불안정하다.
    ③ 청소년기의 청소년 중 스스로에게 나쁜 행동을 하는 경우도 있다.
    ④ 청소년기를 잘 보내기 위해서는 가족들의 정서적 지원만 있으면 된다.

2. ㉠과 비슷한 의미로 알맞은 것을 고르십시오. (   )

    ① 귀가 얇다   ② 입을 모으다   ③ 목이 빠지다   ④ 발을 구르다

3. 이 글에서 ㉡의 의미로 알맞은 것을 고르십시오. (   )

    ① 청소년기를 인정하지 않는
    ② 갈 곳이 없어서 여기저기 돌아다니는
    ③ 자기 자신을 부정적으로 느끼고 있는
    ④ 어른에게 좋지 않은 감정을 가지고 있는

4. 이 글의 주제를 고르십시오.

    ① 청소년의 문제는 스스로 해결하도록 하는 것이 좋다.
    ② 정서적으로 불안정한 청소년의 심리는 이해하기 어렵다.
    ③ 모든 청소년은 어른들에게 반항심을 가지므로 대책이 필요하다.
    ④ 청소년의 건강한 성장을 돕기 위해서 가정과 사회가 함께 협력해야 한다.

다시 읽어 봅시다.

1. 다음을 읽고 순서에 맞게 문장을 다시 배열하십시오.

청소년기는 청소년이 올바른 사회 구성원이 되기 위해 준비하는 시기이다.

㉠ 특히 가치관의 혼란, 타인의 평가, 또래 집단 내의 압박감 등은 청소년들이 불안정함을 느끼게 되는 주된 요인이다.

㉡ 그러나 이 시기의 청소년은 아직 자아가 형성되지 않았기 때문에 심리적으로 불안정해지기 쉽다.

㉢ 또한 청소년은 기존의 제도에 저항하거나 자신을 억압하는 어른에 대해 강한 반항심을 보이기도 한다.

( ) – ( ) – ( )

2. 본문을 읽고 각 문단의 중심 내용을 한 문장으로 요약하십시오.

1문단	
2문단	
3문단	

3. 이 글에서 중요한 어휘를 써 보십시오.

4. 위에 쓴 어휘를 사용해서 이 글의 중심 내용을 한 문장으로 요약해 보십시오.

memo.

표현을 연습해 봅시다.

1. **V-기(에) A** 앞 내용을 하는 것이 어떠한지 뒤의 상태를 나타냄

   형용사는 보통 '좋다, 나쁘다, 쉽다, 어렵다, 편하다, 불편하다' 등을 많이 사용함

   예) 오늘은 산책하기 좋은 날씨이다.
   이 약은 생각보다 먹기에 편하다.

   ⇨ _____

   ⇨ _____

2. **V-는/A-(으)ㄴ/N-인 경우** 어떤 상황이 놓여 있는 조건

   예) 사람이 계속 실패만 하는 경우 우울증에 빠지기 쉽다.
   운이 좋은 경우 이 호수에서 무지개를 볼 수 있습니다.
   이런 인기는 일시적인 경우가 많았다.

   ⇨ _____

   ⇨ _____

3. A/V-도록

① 앞 내용이 뒤 내용에 대한 목적이나 결과, 방식, 정도를 나타냄

예 오늘 중요한 회의가 있어 늦지 않도록 집에서 일찍 출발했다.

뒤에 앉은 사람들도 들을 수 있도록 큰 소리로 발표하세요.

② 어떤 시간이 될 때까지

예 동생이 밤이 늦도록 돌아오지 않아 가족 모두가 걱정했다.

그 수학 문제는 너무 어려워 시험 시간이 끝나도록 다 풀지 못했다.

⇨

⇨

memo.

생각을 나눠 봅시다.

📌 친구들과 함께 아래의 질문에 대해 이야기를 해 보십시오.

1. 청소년기를 잘 보내야 하는 가장 중요한 이유는 무엇이라고 생각합니까?

2. 청소년기에 가장 힘든 점은 무엇이라고 생각합니까?

3. 힘든 점을 잘 이겨내려면 어떻게 해야 합니까?

4. 청소년들을 격려하는 방법에는 무엇이 있습니까?

개요를 짜 봅시다.

1. '청소년기를 건강하게 보내는 방법'에 대한 마인드맵

2. 개요

처음	청소년기의 특징과 청소년기가 중요한 이유
가운데	청소년기의 힘든 점
	그것을 극복할 수 있는 방법

가운데	청소년기를 보내는 청소년에게 도움이 될 수 있는 응원, 격려, …
마무리	주제 요약하기, 주제문 쓰기

memo.

개요에 따라 써 봅시다.

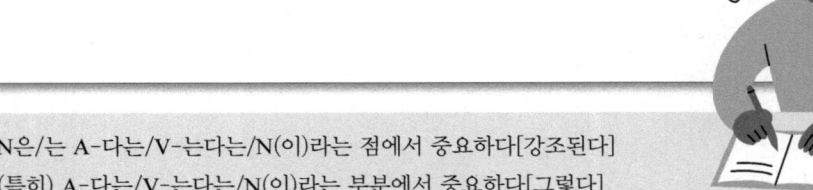

- N은/는 A-다는/V-는다는/N(이)라는 점에서 중요하다[강조된다]
- (특히) A-다는/V-는다는/N(이)라는 부분에서 중요하다[그렇다]
- S. 그뿐만 아니라 [덧붙여, 게다가] S.
- 따라서[그러므로] V-기 위해서(는) N이/가 필요하다[N을/를 해야 한다]

원고지에 써 봅시다.

제출일: _____ 학번: _____ 이름: _____

이렇게 써 보세요.

12과 　변화하는 인재

💡 생각해 봅시다.

🍢 다음 그림을 보고 생각나는 것을 자유롭게 써 보십시오.

어휘를 공부해 봅시다.

1. 아래의 어휘와 의미를 알맞게 연결하십시오.

① 경쟁 •   • ㉮ 지구 전체를 한 마을처럼 생각함

② 역량 •   • ㉯ 어떤 일을 해낼 수 있는 힘과 능력

③ 인재 •   • ㉰ 어떤 분야에서 이기거나 앞서려고 서로 겨룸

④ 시대 •   • ㉱ 학식과 능력을 갖추어 사회적으로 쓸모가 있는 사람

⑤ 지구촌 •   • ㉲ 역사적으로 어떤 특징을 기준으로 나눈 일정한 기간

2. 빈칸에 들어갈 어휘를 골라 알맞게 쓰십시오.

구성원	세계화	전문화	발휘하다	치열하다

① 우리 회사는 직원들이 업무의 (   )를 가지도록 교육한다.

② 선생님들은 학생들이 창의력을 (   )도록 도와주어야 한다.

③ 이번 경연 대회는 참가 팀들과의 경쟁이 어느 해보다 (   ).

④ 명절에는 가족 (   )들과 맛있는 음식을 먹으며 이야기를 한다.

⑤ 인터넷의 발달로 국가들 간의 경계가 없어지고 (   )가 빠르게 이루어지고 있다.

자세히 읽어 봅시다.

다음 글을 읽고, 아래의 질문에 대답하십시오.

현대 사회에서는 과학 기술과 교통의 발달로 많은 변화를 겪고 있다. 이러한 변화로 인해 세계는 점점 가까워져 소위 지구촌 시대라고 불리게 되었다. 이와 함께 지식 생산이 활발해지고 각 영역에서의 경쟁이 치열해지면서 전문화의 중요성이 강조되고 있다. 이러한 사회에서는 어떠한 인재가 요구될까?

세계화가 되면서 우선 글로벌 마인드의 구축과 글로벌 인재로서의 역량을 키우는 것이 필요하다. 예전에는 국경이라는 테두리에서 국가 구성원으로서의 기본 자질을 갖추고 사회에서 요구하는 역량을 길러 사회 발전에 기여하는 인재가 요구되었다.

(㉠) 세계화 시대에는 기본적으로 세계 시민으로서의 역량과 자질을 갖추고 세계를 무대로 활동할 수 있는 인재가 필요하다.

따라서 과학 기술의 발달과 전문화가 심화되고 있는 상황에서는 각자가 가진 능력을 최대한 발휘하여 경쟁력을 갖추려고 노력해야 한다. 과거에는 단순히 지식이나 기술을 습득하여 이를 활용하는 것만으로도 인재로서의 역할이 가능했다. 그러나 대량의 정보 속에서 이를 선택하고 활용할 수 있는 (㉡), 지식의 응용과 자신만의 특성화 등을 통해 전문성을 인정받음으로써 경쟁력을 갖추어야 한다. 이렇게 내적으로는 글로벌 마인드를 기르고 외적으로는 전문적인 자기 능력을 갖춰 시대의 변화에 발맞추어 나가야 한다.

- ☐ 소위
- ☐ 지구촌
- ☐ 시대
- ☐ 지식
- ☐ 생산
- ☐ 영역
- ☐ 경쟁
- ☐ 치열하다
- ☐ 전문화
- ☐ 중요성
- ☐ 강조되다
- ☐ 인재
- ☐ 요구되다
- ☐ 세계화
- ☐ 글로벌
- ☐ 마인드
- ☐ 구축
- ☐ 역량
- ☐ 국경
- ☐ 테두리
- ☐ 구성원
- ☐ 자질
- ☐ 시민
- ☐ 심화되다
- ☐ 발휘하다
- ☐ 발맞추다

1. 이 글의 내용과 같은 것을 고르십시오. (   )

   ① 인재는 시대의 변화에 따라 바뀌지 않는다.
   ② 현대에는 국가 구성원으로서 인재가 필요하다.
   ③ 과거에는 지식을 응용할 수 있는 능력이 필요했다.
   ④ 글로벌 마인드와 전문적인 자기 능력을 갖추어야 한다.

2. (㉠)에 들어갈 말로 알맞은 것을 고르십시오. (   )

   ① 그리고   ② 그러나   ③ 따라서   ④ 게다가

3. (㉡)에 들어갈 말로 알맞은 것을 고르십시오. (   )

   ① 전통은   ② 과거는   ③ 지금은   ④ 예전은

4. 이 글의 주제를 고르십시오. (   )

   ① 인재는 시대의 변화에 따라 바뀐다.
   ② 과학 기술의 발전에 기여하는 사람이 되어야 한다.
   ③ 글로벌 마인드를 기르고 전문적인 자기 능력을 갖춰야 한다.
   ④ 사회에서 요구하는 능력을 길러 사회 발전에 기여해야 한다.

다시 읽어 봅시다.

1. 다음을 읽고 순서에 맞게 문장을 다시 배열하십시오.

현대 사회에서는 과학 기술과 교통의 발달로 많은 변화를 겪고 있다.

㉠ 이러한 변화로 인해 세계는 점점 가까워져 소위 지구촌 시대라고 불리게 되었다.

㉡ 이와 함께 지식 생산이 활발해지고 각 영역에서의 경쟁이 치열해지면서 전문화의 중요성이 강조되고 있다.

㉢ 이러한 사회에서는 어떠한 인재가 요구될까?

(　　) - (　　) - (　　)

2. 본문을 읽고 각 문단의 중심 내용을 한 문장으로 요약하십시오.

1문단	
2문단	
3문단	

3. 이 글에서 중요한 어휘를 써 보십시오.

4. 위에 쓴 어휘를 사용해서 이 글의 중심 내용을 한 문장으로 요약해 보십시오.

memo.

표현을 연습해 봅시다.

1. **N(으)로 인하다** 앞 내용이 원인이 됨

    예) 환경 오염으로 인한 지구 열대화가 심각하다.
    감기로 인해 결석을 하였다.
    공사로 인하여 출입이 안 된다.

⇨ _____

⇨ _____

2. **N(이)라고 불리다** 앞의 말로 부름

    예) 장미는 꽃 중의 여왕이라고 불린다.
    어릴 적 별명이 돼지라고 불렸다.

⇨ _____

⇨ _____

3. **N(으)로써** 어떤 일을 하는 데 쓰이는 도구, 수단, 방법을 나타냄

    예) 부모님의 희생과 헌신으로써 자식들은 성장한다.
    그 사람은 자신의 능력으로써 인정받게 되었다.

    N(으)로서: 어떤 지위나 자격을 나타냄

    예) 친구로서 지켜야 할 예절이 있다.
    자식으로서 부모님께 효도해야 한다.

⇨
⇨
⇨

생각을 나눠 봅시다.

📌 친구들과 함께 아래의 질문에 대해 이야기를 해 보십시오.

1. 여러분 나라에서는 어떤 사람이 인재입니까?

2. 세계화 시대의 인재가 갖추어야 할 능력에는 무엇이 있습니까?

3. 인재가 되기 위해서 어떤 노력을 해야 합니까?

4. 인재가 되기 위한 방법에 대해 발표해 보십시오.

개요를 짜 봅시다.

1. '인재'에 대한 마인드맵

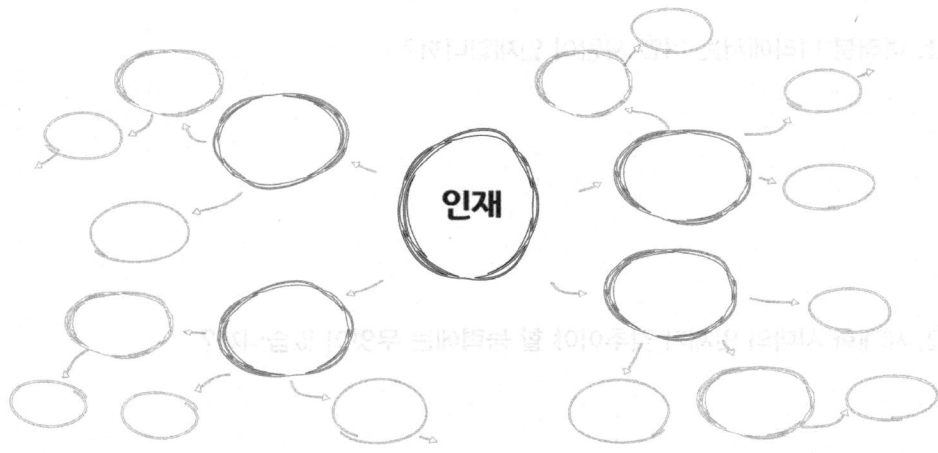

2. 개요

처음	현대의 급속한 발전과 변화 모습
가운데	전통 사회와 그 시대의 인재의 특성과 모습
	현대 사회와 요구되는 인재의 특성과 모습
	인재가 되기 위한 노력
마무리	주제 요약하기, 주제문 쓰기

개요에 따라 써 봅시다.

- N(으)로 인하다
- N(이)라고 불리다
- N(으)로써, N(으)로서
- N에 따라
- V-아/어야 하다
- N이/가 필요하다

원고지에 써 봅시다.

제출일: _____ 학번: _____ 이름: _____

200

600

700

이렇게 써 보세요.

모범 답안

1과 – 모나리자의 미소

어휘를 공부해 봅시다.

1. ①-㉮, ②-㉳, ③-㉯, ④-㉰, ⑤-㉱
2. ① 신비스러운, ② 좌절, ③ 두려움, ④ 설레, ⑤ 궁극적

자세히 읽어 봅시다.

1. ④, 2. ④, 3. ①, 4. ②

다시 읽어 봅시다.

1. ㄷ – ㄱ – ㄴ
2.
① 모나리자는 웃는 듯하지만 웃고 있지 않는 신비스러운 미소로 유명한 그림이다.

② 모나리자의 그림처럼 우리의 삶도 행복과 두려움의 조화가 중요하다.

③ 부정적인 감정들은 행복감을 느낄 수 있게 하는 힘이 된다.

④ 행복감과 두려움의 조화로 신비로운 느낌을 주는 모나리자의 미소처럼 우리의 삶도 기쁨과 슬픔, 만족과 불만족의 조화를 이루는 것이 완전한 행복에 이르게 한다.

2과 – 가위바위보와 본능

어휘를 공부해 봅시다.

1. ①-㉮, ②-㉱, ③-㉯, ④-㉰, ⑤-㉰

2. ① 유리하다, ② 반응한다, ③ 유연성, ④ 유지하, ⑤ 선택할

자세히 읽어 봅시다.

1. ④, 2. ①, 3. ②, 4. ④

다시 읽어 봅시다.

1. ㄷ – ㄴ – ㄱ

2.

① 가위바위보를 할 때 이기려는 본능으로 선택한다.

② 일상에서도 본능으로 선택하는데 이는 자신의 선호도를 유지하고, 자신의 선택이 옳았다는 것을 입증하기 위한 것이다.

③ 자신의 선택이 해를 끼칠 수 있으므로 다시 생각하여 선택을 변경하는 유연성을 가져야 한다.

④ 사람들은 일상에서 자신의 선호도를 유지하고 선택이 옳았음을 입증하려는 본능에서 선택을 하는데 이러한 선택은 해가 될 수 있으므로 선택에 대해 다시 생각하여 필요한 경우, 선택을 변경하는 유연성을 지녀야 한다.

3과 - 고독의 힘

📖 **어휘를 공부해 봅시다.**

1. ①-㉺, ②-㉮, ③-㉯, ④-㉰, ⑤-㉱

2. ① 분노, ② 시선, ③ 주목, ④ 창의적, ⑤ 구성원

📖 **자세히 읽어 봅시다.**

1. ②, 2 ③, 3 ④, 4 ③

👤 **다시 읽어 봅시다.**

1. ㄱ – ㄷ – ㄴ

2.

① 최근 한국 사회의 1인 가구가 증가하고 있다.

② 고독력이란 혼자 있는 시간을 잘 활용하면 생산적으로 보낼 수 있는 능력을 말한다.

③ 고독력을 향상하려면 외로움을 두려워하면 안 된다.

④ 혼자 사는 사람들은 고독력을 높여 외로움을 느끼지 않고 즐겁게 사는 것이 좋다.

4과 - 시작이 반

📖 어휘를 공부해 봅시다.

1. ①-나, ②-다, ③-가, ④-라, ⑤-마
2. ① 극복하, ② 영향, ③ 동기, ④ 역할, ⑤ 만족감

📖 자세히 읽어 봅시다.

1. ③, 2. ④, 3. ④, 4. ②

📖 다시 읽어 봅시다.

1. ㄷ - ㄱ - ㄴ

2.

① 동기란 어떤 일을 하게 하는 보이지 않는 힘을 뜻하는데 일의 시작부터 마칠 때까지 많은 영향을 미친다.

② 동기는 일을 시작하는 데 중요한 역할을 한다.

③ 동기는 일의 결과에도 중요한 영향을 미친다.

④ 동기는 일을 시작과 결과에 중요한 역할을 한다.

5과 - 창의적 사고

어휘를 공부해 봅시다.

1. ①-㉮, ②-㉯, ③-㉰, ④-㉱, ⑤-㉲

2. ① 거듭되, ② 마련하, ③ 모방해, ④ 어우러져, ⑤ 발휘했

자세히 읽어 봅시다.

1. ②, 2 ②, 3, ①, 4. ①

다시 읽어 봅시다.

1. ㄱ - ㄷ - ㄴ

2.
① 실리콘밸리는 창의적 기술 혁신의 상징적 의미를 가진다.

② 수성시는 실리콘밸리의 좋은 모델 적용 사례가 된다.

③ 수성시는 실리콘밸리의 성공 모델에 지역의 특수성까지 고려하여 새로운 경제 모델을 제시하는 긍정적 결과를 낳았다.

④ 앞으로 각 도시의 여건에 맞추어 창의적 기업 활동을 지원해야 한다.

④ 수성시 첨단과학기술단지가 미국 실리콘밸리의 성공 모델과 지역의 특수성을 고려해 만들어져 새로운 경제 모델을 제시하듯 각 도시에서도 창의적 기업 활동 지원이 필요하다.

6과 - 기부의 가치

어휘를 공부해 봅시다.

1. ①-㉢, ②-㉠, ③-㉡, ④-㉣, ⑤-㉤

2. ① 기부하였다, ② 대가, ③ 내놓았다, ④ 기후 위기, ⑤ 불평등

자세히 읽어 봅시다.

1. ①, 2. ②, 3. ④, 4. ①

다시 읽어 봅시다.

1. ㄴ - ㄷ - ㄱ

2.
① 기부는 사회를 위해서 대가 없이 돈이나 물건을 내놓는 것이다.

② 돈, 물건, 재능 등 기부를 하는 방법은 다양하다.

③ 기부를 하면 사회가 살기 좋은 환경으로 변화한다.

④ 대가를 바라지 않는 기부를 통해서 사회 변화에 기여할 수 있다.

7과 - 행복의 조건

📖 **어휘를 공부해 봅시다.**

1. ①-다, ②-마, ③-라, ④-나, ⑤-가
2. ① 가끔, ② 안락한, ③ 여기고, ④ 여유, ⑤ 의식주

📖 **자세히 읽어 봅시다.**

1. ③, 2. ②, 3. ③, 4. ④

👤 **다시 읽어 봅시다.**

1. ㄷ - ㄱ - ㄴ

2.
① 경제적 여유가 안정과 만족을 가져오는 것은 아니므로 돈이 많다고 삶의 만족도가 높은 것은 아니다.
② 행복이란 안락한 생활과 스스로 만족하는 삶에서 느낄 수 있다.
③ 행복해지기 위해서는 스스로 누구와 무엇을 하면 행복을 느끼는지 아는 게 중요하므로 이것에 대해 생각하면서 살아야 한다.
④ 경제적 여유가 안정과 만족을 가져오는 것은 아니므로 행복해지기 위해서는 우리 스스로 누구와 무엇을 하면 행복을 느끼는지 알고 이것에 대해 생각하면서 살아야 한다.

8과 - 자기중심적 사고

📖 어휘를 공부해 봅시다.

1. ①-㊃, ②-㊄, ③-㉮, ④-㉯, ⑤-㉰

2. ① 성향, ② 목표, ③ 인정하였다, ④ 가치, ⑤ 자신감

🔍 자세히 읽어 봅시다.

1. ④, 2. ①, 3. ②, 4. ④

👤 다시 읽어 봅시다.

1. ㄷ - ㄴ - ㄱ

2.

① 인간은 자기중심적으로 세상을 바라보는 경향이 있다.

② 자기중심적인 경향은 사건들에 자신을 투영해 유사성을 발견하고 이에 공감하며 살아가는 것과 관련된다.

③ 자기중심적 사고는 자신의 가치를 인정하고, 자신감을 주고, 목표 달성을 위한 동기 부여가 된다.

④ 자기중심적 사고가 강해지면 대인관계에 문제가 생기므로 지나치게 강해지지 않도록 주의해야 한다.

④ 인간은 자기중심적으로 세상을 보는 경향이 있으나 자기중심적 사고가 강해지면 대인관계에 문제가 생기므로 지나치게 강해지지 않도록 주의해야 한다.

9과 - 손가락과 잠재 능력

📖 어휘를 공부해 봅시다.

1. ①-㉰, ②-㉮, ③-㉱, ④-㉯, ⑤-㉲
2. ① 밀접하다, ② 단순하다, ③ 보조하, ④ 생동감, ⑤ 손동작

📖 자세히 읽어 봅시다.

1. ②, 2. ③, 3. ③, 4. ④

👤 다시 읽어 봅시다.

1. ㄴ - ㄱ - ㄷ
2.
① 두 번째 손가락이 긴 사람은 언어 능력이 뛰어나고, 네 번째 손가락이 긴 사람은 수학 능력이 뛰어나다.
② 손가락과 언어 능력은 밀접한 관련성이 있다.
③ 말을 할 때 손동작을 함께 사용하면 말하고자 하는 바를 효과적으로 전달할 수 있다.
④ 손동작은 말을 보조하는 역할을 하므로 말을 할 때 이를 사용하면 말을 생동감 있고 명확하게 전달할 수 있다.

10과 - 현대인의 질병

📖 어휘를 공부해 봅시다.

1. ①-나, ②-마, ③-라, ④-가, ⑤-다
2. ① 현대인, ② 소화가 (잘) 되, ③ 의지하, ④ 등장하, ⑤ 시달린

🔍 자세히 읽어 봅시다.

1. ②, 2. ②, 3. ③, 4. ④

👤 다시 읽어 봅시다.

1. ㄱ - ㄴ - ㄷ
2.
① 과거와 달라진 생활 습관으로 인해 현대에 다양한 질병이 새롭게 생겨났다.

② 잠을 잘 못 자는 사람들이 늘어나면서 수면 산업이 빠르게 성장하고 있다.

③ 수면 장애의 원인에 맞는 해결 방법을 찾아야 한다.

④ 수면 장애를 겪는 현대인들로 인해 수면 사업이 성장하고 있는데 수면 보조 제품을 무작정 사용하기보다는 수면 장애의 원인을 찾아서 그에 맞는 해결 방법을 찾는 것이 중요하다.

11과 - 청소년기의 중요성

📖 **어휘를 공부해 봅시다.**

1. ①-㉲, ②-㉳, ③-㉴, ④-㉮, ⑤-㉯

2. ① 혼란, ② 해, ③ 돌발적, ④ 압박감, ⑤ 또래

📖 **자세히 읽어 봅시다.**

1. ③, 2. ①, 3. ②, 4. ④

👤 **다시 읽어 봅시다.**

1. ㄴ - ㄱ - ㄷ

2.

① 청소년기는 자아 정체성을 형성해 나가는 중요한 시기이다.

② 청소년기는 심리적으로 불안정한 시기이다.

③ 청소년이 청소년기를 건강하게 보내기 위하여 가정과 사회는 함께 노력해야 한다.

④ 청소년이 올바른 정체성을 형성하고 건강하게 성장할 수 있도록 가정과 사회가 함께 심리적, 제도적으로 지원해야 한다.

12과 - 변화하는 인재

어휘를 공부해 봅시다.

1. ①-다, ②-나, ③-라, ④-마, ⑤-가
2. ① 전문화, ② 발휘하, ③ 치열하였다, ④ 구성원, ⑤ 세계화

자세히 읽어 봅시다.

1. ④, 2. ②, 3. ③, 4. ③

다시 읽어 봅시다.

1. ㄱ – ㄴ – ㄷ
2.
① 현대 사회는 과학 기술과 교통의 발달로 인한 많은 변화로 전문화의 중요성이 강조되고 있다.
② 세계화로 글로벌 마인드의 구축과 글로벌 인재로서 역량을 키우는 것이 필요한 데 반해 예전에는 국가 구성원으로서 사회 발전에 기여하는 인재가 요구되었다.
③ 글로벌 마인드를 기르고, 대량의 정보를 선택하고 활용할 수 있는, 전문적인 능력을 갖추어야 한다.
④ 세계화 시대에는 세계 시민으로서 글로벌 마인드를 기르고 전문적인 자기 능력을 갖춰야 한다.